THE ART OF WAR

한글 · 영어 · 한자 겸용

손자병법

윤종성

손자병법은 저자인 손자의 의도에 맞게 나라를 걱정하고
싸워 이기는 책으로 해석되어야 한다

도서출판 시간의물레

한글·영어·한자 겸용

손자병법

윤 종 성

도서출판 시간의 물레

■ 머리말(prologue)

손자병법은 국가 또는 군사 지도자를 위한 책이다. 그것도 싸워 이기는 병법을 다룬 책이다. 세월이 흘러 정치·경영 등 제 분야에서 나름대로 해석되어 널리 활용되고 있고 특히 리더십분야에서 손꼽히는 책으로 알려져 있다. 고전중의 고전인 손자병법은 다른 고전과 마찬가지로 불친절하다. 그래서 손자병법을 해석한 수많은 책들이 쏟아져 나오고 있다. 그중 한 가지는 한자(漢字) 하나하나를 꼼꼼히 풀이한 책이고 또 다른 하나는 명문장을 풀어 용도에 맞게 해석한 책이다.

이 책은 한글·영어·한자겸용 『손자병법』이다. 책 제목에서와 같이 손자병법을 좀 더 쉽게 접근하도록 정리한 책이다. 본인은 젊었을 때 손자병법에 푹 빠져 본 적이 있으나 소위 내노라할만 한 전문가들이 너무 많았고 갈 길이 바빠 당시 연구가 소홀했던 분야를 찾아 리더십을 공부했다. 그런 가운데 60세가 되어 과거에 읽었던 손자병법을 다시 손에 잡으면서 처세술 등으로 활용되는 최근의 흐름은 손자에 대한 예의가 아니라고 생각했다. 다시 말하면 손자병법은 저자인 손자의 의도에 맞게 나라를 걱정하고 싸워 이기는 책으로 해석되어야 한다는 생각이 들었다. 그리하여 손자병법 본래의 뜻과 의미를 개관하여 전체적인 이해를 도모하는 책이 무엇보다 필요하고 의미 있는 작업이라고 생각했다.

그러나 손자병법은 한자로 되어 있어 한글세대가 대부분인 오늘날 많은 사람들이 읽기에 쉽지 않다. 따라서 본 책자는 독자들의 이해를 돕기 위하여 손자병법의 본래의 뜻과 의미를 훼손하지 않는 범위 내에서 한글로 해석하고 영어와 한자의 원문을 병행하여 실었다. 그리고 매 편마다 핵심메시지, 핵심사상, 손자병법 본문, 핵심구절, 핵심사례, 핵심교훈을 포함하여 이해가 용이토록 하였다.

- 핵심메시지 : 각 편의 핵심배경을 설명함으로써 이해를 도모토록 했다.
- 핵심사상 : 각 편의 내용을 정리함으로써 손자병법의 핵심에 접근할 수 있도록 했다.
- 손자병법본문 : 손자병법의 원문을 한글로 실어 누구나 쉽게 손자병법을 읽도록 했다.
- 핵심구절 : 손자병법의 핵심문장을 한글과 한자로 병기하여 주옥같은 문장에 접근토록 했다.
- 핵심사례 : 각 편의 주제에 맞는 6.25전쟁 핵심사례를 간략히 제시하였다.
- 핵심교훈 : 각 편 주제에 맞는 교훈을 한 번쯤 생각해 볼 수 있는 기회를 제공하였다.

이 책은 앞서 설명한 바와 같이 소찰보다는 대관에 초점을 맞춘 책이다. 아무쪼록 조국 대한민국의 안보상황이 불확실한 이때에 저자인 손자의 의도에 맞게 나라를 걱정하고 싸워 이기는 책으로 읽혀졌으면 하는 바람이다. 아울러 지도자를 꿈꾸는 젊은이들에게 손자병법의 입문서로 미래를 설계하는데 도움이 되었으면 하는 마음이 간절하다.

2018년 가을 어느 날 밤

Contents

目次

■ 손자생애(Life of Sun Tzu)

손자의 본명은 손무이다. 손자는 유가의 공자, 맹자와 같이 병가를 대표하는 최고전문가라는 뜻에서 붙여진 존칭이다. 손자는 춘추시대인 BC 535년에 제나라에서 태어나 오나라 왕 합려(BC 514~BC 456)와 합려의 아들 부차(BC 495~BC 473)의 전기까지 활동하다가 BC 480년경 세상을 떠난 것으로 추정된다. 제나라는 태공망·관중 등이 활약한 정치·경제·사회·문화·외교·군사의 중심지였으나 반란으로 나라가 혼란스러워지자 손자는 기원전 512년 오나라로 가 오자서의 추천으로 합려를 만나 발탁된다.

발탁과정에서 손자는 합려로부터 궁녀들을 훈련시켜보라는 명을 받는다. 손자는 180명의 궁녀들을 2개조로 나누어 왕의 애첩 2명을 대장으로 삼아 훈련에 임하였으나 궁녀들이 깔깔거리고 비웃자 "병사들을 이해시키지 못한 것은 나의 잘못이다"라고 말하고 반복해서 명령과 확인사항을 알려주었다. 그러나 이에 따르지 않자 "방금은 나의 잘못이었지만 이번에도 실행에 옮기지 않은 것은 대장의 잘못이다"라며 애첩을 처형하려하자 목숨을 구해줄 것을 청하는 합려에게 "신은 이미 왕명으로 장군이 되었습니다. 따라서 병사들을 다스려야 하므로 명령을 받들 수 없습니다."라고 하면서 참수하여 궁녀들을 일사분란하게 훈련시킨 일화는 너무나 유명하다.

이렇게 합려의 군사로 발탁된 손자는 오자서와 함께 왕을 도와 초·제·진·월나라를 격파하여 오나라를 춘추오패의 반열에 올려놓았다. 즉 춘추시대를 제패하려는 오왕 합려와 자신의 아버지와 형을 살해한 초나라에 복수를 꿈꾼 오자서, 그리고 병법에 탁월한 손자의 만남이 변방의 신흥국인 오나라를 일약 강대국으로 약진하는 데 큰 힘이 되었다. 손무를 군사로 영입한 오 왕 합려는 오늘날 국방과학연구소(ADD)에 해당하는 '천리려'에 궁녀 300명을 배치하여 작업을 돕게 했다. 이러한 전례 없는 관심과 배려에 오나라에는 우수한 인재들이 앞다퉈 모여들었고 무기생산체제는 매우 진보하여 당시 최고의 기술수준에 도달하였다. 그러기에 간장검[1)]을 대량으로 만들어 오나라 군대는 최신무기로 전투에 임할 수 있었다. 군 통수권자가 자신의 서명을 새긴 무기를 주조하는 풍습을 시작한 것도 합려였다. 그러나 기원전 496년 손무의 말을 듣지 않아 주변국 월나라 의 공격을 받아 패하게 되고 합려가 사망하자 손자는 사직하고 오나라를 떠났고 이 후 손자의 이름은 역사에 등장하지 않는다.

손자는 손치·손병·손적 아들 3형제를 두었고 전국시대 제나라의 저명한 병법가 손빈은 손병의 아들인 것으로 알려져 있다. 손빈은 할아버지 손자의 병법사상을 발전시켜 손빈 병법을 저술하여 지금까지 남아있다.

1) 간장검은 오나라의 전설적인 장인인 간장이 만든 검을 뜻한다.

■ 손자병법(The art of war)

손자병법은 총 13편 6,109자로 구성되어 있는 작은 책이다. 현재 전해지고 있는 손자병법은 조조가 원본을 요약하고 해석을 붙인 위무주손자(魏武註孫子) 13편이다. 송나라 때 당시까지 전해 내려오던 병서 중 가장 대표적인 7권을 추려서 발간한 무경칠서[2] 중 가장 으뜸인 것으로 알려져 있다. 손자병법의 특징 다음과 같다.

첫째, 전쟁을 과학(Science)이라기보다는 술(Art)로 파악하여 전쟁의 객관적 측면보다는 주관적 측면을 강조하고 있다. 그리하여 서구에서는 손자병법을 The art of war라고 부른다.

둘째, 손자병법은 작은 책이나 전략적·작전적·전술적 차원의 정치·경제·외교·군사 등 전쟁에 관한 모든 분야를 다루고 있다.

셋째, 부전승(不戰勝) 즉, 싸우지 않고 이겨야 한다는 점과 일단 전쟁이 불가피한 상황에서는 신속하고 결정적인 승리 즉, 속전속결을 강조하고 있다.

넷째, 군사지도자의 직관보다는 계산을 중요시하고 있다. 특히 수적우위와 예측 및 통제가능성을 강조하고 있다. 결정적 승리는 절대적인 수적 우세 또는 결정적인 접촉지점에서의 상대적 우세를 통해 달성할 수 있다고 보았으며 상대적 우세 달성을 위해서는 군사지도

---

2) 무경칠서는 손자병법, 오자병법, 육도, 삼략, 사마법, 위료자, 이위공문대이다.

자의 지략이 매우 중요하다고 보았다. 또한 유용한 정보를 수집하고 전력의 비교과정을 거치게 되면 전쟁계획이 적절하게 준비되고 시행될 수 있는지 예측 및 통제가 가능하다고 보았다.

다섯째, 손자병법은 이(利)와 해(害), 강(强)과 약(弱), 정(正)과 기(奇), 허(虛)와 실(實) 등 대비되는 철학적 개념들을 통해 대립과 모순을 극복하고 통일함으로써 보다 차원 높은 발전을 모색하고 있다.

여섯째, 손자병법은 제1편 시계, 제2편 작전, 제3편 모공, 제4편 군형은 총론에 해당하는 것으로 전쟁계획, 동원계획, 국가전략, 전투태세를 다루고 있고 제5편 병세, 제6편 허실, 제7편 군쟁에서는 전력운용을 다루고 있으며, 제8편 구변, 제9편 행군, 제10편 지형, 제11편 구지에서는 지형활용을 다루고 있고, 제12편 화공에서는 특수작전을, 마지막 제13편 용간에서는 국가차원에서 정보작전의 중요성을 강조하고 있다. 이와 같이 손자병법은 전체적으로 기·승·전·결의 체계적인 논리를 갖추고 있다.

일곱째, 손자병법 13편의 각 편은 핵심사상을 먼저 제시하고 제시한 내용에 대하여 구체적으로 설명을 한 후 말미에는 각 편과 연계된 리더십을 다루고 있다.

손자병법은 짧은 소책자이나 군사문제 외에도 개인의 인생문제 뿐 아니라 기업 등 조직경영은 물론 정치·외교·경제·사회·문화 등 국가운영에도 참고할 수 있는 주옥같은 문장들로 가득 차 있어 누구나 한번쯤 진지하게 접할 가치가 있는 고전이다. 이러한 손자병법은 위·촉·오 중국의 삼국시대를 풍미했던 조조와 제갈량, “적을 분석하고 병력을 집중하여 각개 격파한다."는 프랑스의 군사적 천재 나폴레옹, 1949년 일본과 국민당을 물리치고 현대 중국을 통일한 모택동, 23전 23승으로 왜의 침입을 막아낸 조선의 이순신, 러일전쟁에서 세계최강의 러시아 발틱 함대를 물리친 일본의 토고 헤이하치로, 2차대전시 사막의 여우 독일 롬멜을 물리친 사막의 생쥐 영국의 몽고메리 등 수많은 군사전문가들이 손자병법을 애독하였다. 뿐만 아니라 마이크로소프트의 창업자인 미국의 빌 게이츠, 소프트웨어 분야의 최강자 손정의와 경영의 귀재로 알려진 마쓰시타 고노스케 등 일본의 경영자들도 즐겨 읽었다. 현재 영어를 비롯하여 30여 개국의 언어로 번역되었고 월남전 패배이후 미 육군사관학교에서 교과서로 채택된 고전중의 고전이라고 할 수 있다.

한글로 읽는 손자병법

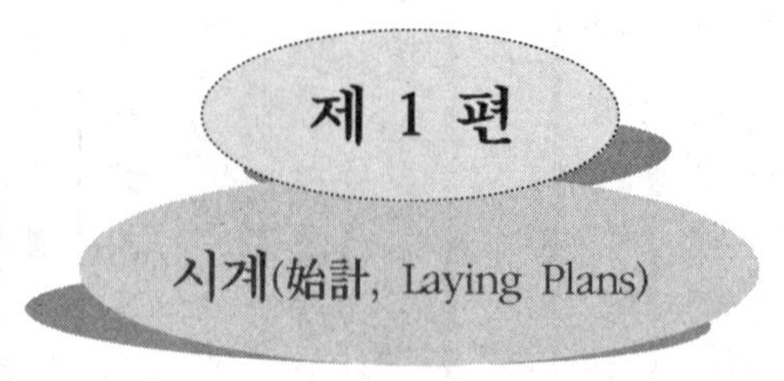

"국가지도자는 전쟁에 신중해야 한다"

♜ 핵심 메시지

전쟁은 목숨이 왔다 갔다 하는 중대한 일이다. 나라가 망하느냐 흥하느냐의 문제이다. 전쟁터에서는 멋이나 낭만이 있을 수 없다. 승리가 아니면 죽음 또는 노예와 같이 죽느니만 못한 신세가 된다. 그래서 전쟁에는 규칙이 없다. 속임수는 물론 반칙이 환영 받는 세계가 전쟁이다. 승리를 위하여 수단과 방법을 가리지 않는 것이 전쟁이다. 아름다운 패배는 스포츠에서나 있을 수 있는 일이다.

그래서 전쟁은 신중해야 한다. 화가 난다고 전쟁을 해서는 안 된다. 1812년 나폴레옹이 러시아를 침공했다가 멸망의 길로 들어선 것은 분풀이로 전쟁을 해서는 안 된다는 것을 극명하게 보여준다. 전쟁은 이겨놓고 시작해야 한다. 1941년 12월 7일 일본의 진주만 공격은 이길 수 없는 싸움을 시작한 것이다. 결과는 패망이었다. 전쟁과 장수의 조건이 그냥 있는 것이 아니다. 신중하게 이길 수 있는지 없는지를 검토하고 적과 비교까지 하는 등 치밀하게 계산해야 한다.

이길 자신이 없으면 싸우지 말아야 한다. 이기는 싸움만 하기에도 벅차다. 전쟁은 이기려고 하는 것이고 살기위하여 하는 것이다.

♜ 핵심사상

1. 전쟁은 국가의 대사(큰 일)
2. 요건(5事): 정치(道), 기상(天), 지리(知), 장수(將), 법제(法)
3. 장수: 지혜(智), 신의(信), 인애(仁), 용기(勇), 엄격(嚴)
4. 7가지 비교요소(7計): 정치, 장수, 기상 및 지리, 법제, 군대, 훈련, 상벌
5. 전쟁: 속임수(궤도, 詭道)
6. 승리: 계산

시계편은 전쟁계획으로 손자는 무엇보다 "전쟁이란 나라의 중대한 일이다. 전쟁은 국민의 생사를 결정하고 나라의 존망을 좌우하기 때문에 신중하게 살피지 않을 수 없다." 는 점을 강조하고, 이를 위하여 5가지 요건(국력)과 7가지 비교요소, 그리고 속임수를 종합하여 철저히 계산할 것을 주장하였다.

첫째, 5가지 요건은 정치, 기상, 지리, 장수, 법제로 특히 군사지도자는 지혜, 신뢰, 인애, 용기, 엄격을 갖출 것을 요구하고 있다.

둘째, 7가지 비교요소는 국가 지도자는 누가 정치를 잘 하는가, 군사지도자는 누가 더 유능한가, 기상과 지리는 누구에게 더 유리한가, 법제는 누가 더 잘 시행하는가, 군대는 누가 더 강한가, 병사는 누가 더 잘 훈련시켰는가, 상과 벌은 누가 더 공평한가? 로 전쟁여부에 대한 합리적인 판단근거를 제시하였다.

셋째, 전쟁은 속임수이다. 즉 궤도(Deception, 詭道)라 표현하고 전쟁이란 힘만으로 되는 것이 아니라 속임수를 사용하여 상대를 흔들고 혼란시켜야 하는 것으로 14가지 방법을 제시하였다.

넷째, 전쟁은 5가지 요건, 7가지 비교요소, 속임수를 종합하여 철저한 계산(Calculation)으로 "승산이 많으면 승리하고 승산이 적으면 승리하지 못하는 법이다"라며 신중하게 접근해야 할 대상임을 강조하였다.

♜ 손자병법 본문

1. 전쟁은 나라의 중대한 일로 국민의 생사를 결정하고, 국가의 존망을 좌우함으로 반드시 신중하게 살펴야 한다.

   그러므로 전쟁 전에 5가지 요건으로 평가하고 이를 비교하여 그 상황을 정확히 파악하여야 한다. 5가지는 정치, 기상, 지리, 장수, 법제이다. 정치란 리더십을 통하여 국민이 같은 목적을 가지고 위험에 대한 두려움 없이 생사를 함께 하는 것을 말한다. 기상이란 낮과 밤, 추위와 더위, 시간과 계절적 조건을 의미한다. 지리란 거리의 길고 짧음, 이동의 어려움과 용이함, 폭의 넓고 좁음, 안전의 조건을 의미한다. 군사지도자는 지혜, 신뢰, 인애, 용기, 엄격함을 갖추어야 한다. 법제란 편성, 명령체계 그리고 군수를 말한다.

   모든 군사지도자들은 이 5가지를 들어보았을 것이다. 이를 아는 자는 승리하고 이를 모르는 자는 패배한다.

2. 그러므로 그 조건들이 어떠한지를 알아보기 위하여 7가지 비교로서 평가하라. 즉 어느 쪽 정치 리더십이 도의를 가지고 있는지, 어느 쪽 지휘관이 능력이 있는지, 누가 보다 유리한 타이밍과 지리적 조건을 가지고 있는지, 어느 쪽의 법제가 효과적인지, 누구의 군대가 더 강한지, 어느 쪽의 장교와 군사가 더 잘 훈련되었는지, 어느 쪽의 상벌이 더 분명한지? 이것이 누가 승리할 것인지를 알 수 있는 방법이다.

3. 군사작전은 기만을 포함한다. 1)비록 당신이 유능할지라도 유능하지 않은 것처럼 보여라. 2)비록 필요할지라도 필요하지 않은 것처럼 보여라. 3)당신이 가까운 곳을 공격하려 할 때 먼 길을 가는 것처럼 보이도록 하라. 4)당신이 먼 곳을 공격하려고 할 때 마치 짧은 거리를 가는 것처럼 보이도록 하라. 5)이로움으로 그들을 유인하고 6)혼란을 일으켜 그들을 취하라. 7)그들이 충실하면 대비하고 8)강할 때는 회피하라. 9)그들을 무질서에 빠뜨리기 위해서는 분노를 이용하라. 10)겸손으로 그들을 교만하게 하라. 11)편안하면 피곤하게 하라. 12)그들이 친밀하면 이간시켜라. 13)그들이 준비되지 않았을 때 공격하고 14)그들이 예상하지 않을 때 움직여라. 군대에 의하여 사용되어지는 형태와 절차가 미리 노출되어서는 안 된다.

4. 싸움에 앞서 본부에서 승리를 그리는 사람은 그의 편에 가장 많은 승산을 가지고 있는 사람이다. 싸움에 앞서 본부에서 패배를 그리는 사람은 그의 편에 가장 적은 승산을 가진 사람이다. 그쪽에 승산을 많이 가진 사람은 승리하고 승산을 적게 가진 사람은 패배한다. 하물며 승산을 가지지 않는 사람은 어떠하겠는가? 이와 같은 일을 관찰함으로써 나는 누가 승리하고 누가 패배하는지를 안다.

♜ 핵심구절

1. 전쟁은 세밀히 살피지 않으면 안 된다.
   兵者 不可不察(병자 불가불찰)

2. 전쟁의 조건
   정치(道), 기상(天), 지리(地), 장수(將), 법제(法)

3. 장수의 자질
지혜(智), 신의(信), 사랑(仁), 용기(勇), 엄격(嚴)

4. 전쟁은 속임수이다.
兵者 詭道(병자 궤도)

5. 승산이 많으면 승리하고 승산이 적으면 승리하지 못한다.
多算勝 小算不勝(다산승 소산불승)

♜ 핵심사례

6.25전쟁 당시 김일성은 과연 전쟁에 신중하였는가?

* 3가지 사항 간과: 1) 좌익 미 봉기(박헌영)
2) 국군의 저항(정신력)
3) 미국 등 UN군 신속참전(에치슨 라인)

♜ 핵심교훈

"한 번 밖에 없는 삶! 신중하게 접근한다."

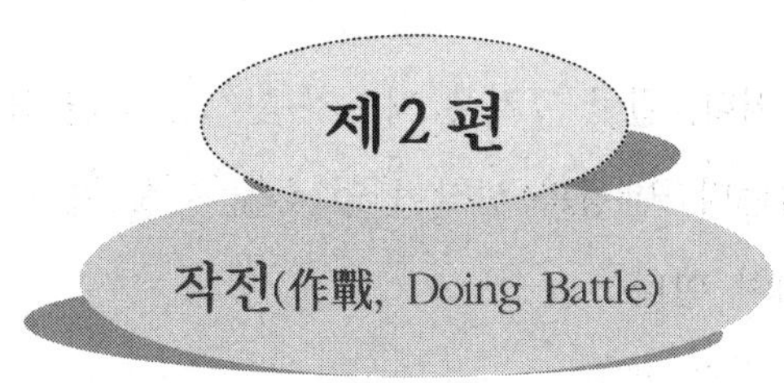

"지도자는 속전속결에 승부를 건다."

♜ 핵심 메시지

옛 속담에 "열 번 찍어 안 넘어가는 나무 없다", "오르지 못할 나무 쳐다보지도 말라"라는 말이 있다. 전자는 전쟁에서 과감히 버려야 한다. 전쟁은 단 한 번에 끝내야 한다. 열 번 찍으면 아군이 망한다. 전쟁의 영웅 나폴레옹도 수없이 전쟁을 치르다 망했다. 히틀러도 마찬가지이다.

전쟁에는 돈이 많이 든다. 하루면 하루, 이틀이면 이틀, 열흘이면 열흘 돈이 들어간다. 전쟁에는 공짜가 없다. 따라서 전쟁을 오래 끌면 국가재정이 파탄난다. 재정이 파탄나면 국가는 망한다. 따라서 손해를 보더라도 전쟁은 일찌감치 끝내야 한다. 다시 말하면 속전속결해야 한다.

속전속결하려면 사전에 충분히 치밀하게 준비하여야 한다. 전쟁터에서 우물쭈물 좌고우면하면 이미 진 싸움이다. 우리 선조들이 겪은 임진왜란, 정유재란, 정묘호란, 병자호란, 한일합병, 6.25전쟁 모두 사전에 준비를 소홀히 했기 때문에 일어났다. 교훈을 교훈으로 삼지 않았기 때문이다. 지도자들은 자신이 잘 한 것만 내세운다. 잘못한 것이 많은데도 말이다. 결국 그것은 지도자 자신은 물론 국가에도 전혀 도움이 되지 않는다. 반성과 성찰이 없는 삶은 살 가치가 없다는 말에 귀를 기울여야 한다.

♜ 핵심사상

1. 전쟁: 군사력 준비, 막대한 비용(일비천금, 日費千金)
2. 장기전: 전쟁비용 부족-제3국 침입
3. 비용감소: 속전속결(병문졸속, 兵聞拙速) + 현지조달(식량)
3. 전력강화: 적 마차/포로 활용
4. 전쟁: 승리〉지속(병귀승 불귀구, 兵貴勝 不貴久)

작전편은 동원계획으로 전쟁을 오래 끌면 국가재정이 고갈되고 국민생활이 피폐해지므로 속전속결, 현지조달, 전력강화의 중요성을 강조하고 있다.

첫째, 전쟁수행에는 많은 군사력과 이에 따른 전쟁비용이 소요되므로 “전쟁을 함에 있어 다소 미비하더라도 신속하게 끝내야 승리할 수 있다는 말은 들었어도, 정교한 작전을 위해서 오래 끌어야 한다는 말은 들어보지 못했다.”며 속전속결을 중시하고 있다.

둘째, 현지조달은 “전쟁으로 나라가 가난해지는 것은 군수품과 식량을 멀리까지 실어 나르는 데 있으므로 지혜로운 지휘관은 적지로부터 식량을 보급하는데 힘써야 한다”고 주장하였다. 이는 당시 먼 거리에 병력, 장비, 물자를 이동시키는데 많은 어려움이 있었기 때문이다.

셋째, 전력강화를 위해서는 "적으로부터 탈취한 수레에 적군의 기 대신에 아군의 기를 달아 아군의 수레에 섞여 달리게 하고, 포로가 된 적군의 병사는 후하게 대우하여 아군으로 만들어야 한다."는 점을 강조하고 있다.

넷째, 마지막으로 "전쟁은 승리를 거두는 것이 중요하지 오래 끄는 게 중요한 것이 아니다"는 점을 재차 강조하고 있다.

♜ 손자병법 본문

1. 전쟁 비용은 하루에 1000금이 소요된다. 전쟁을 할 때 비록 이길지라도 오랫동안 지속한다면 군사력이 약해지고 예리함이 둔해질 것이다. 성을 공격한다면 힘이 고갈될 것이다. 만약 군대를 오랫동안 야전에 둔다면 보급품이 부족할 것이다. 군대가 약해지고 예리함은 둔화되고 보급품이 사라진다면 적들은 취약점을 이용하여 일어날 것이다. 그때는 아무리 현명한 조언자를 두고 있을 지라고 결국 좋은 결과를 거둘 수 없다.

   전쟁은 서툴더라도 일찍 끝냈다는 말은 들어보았어도, 능숙하면서 오래 지속하는 전쟁은 보지 못했다. 전쟁을 오래 지속하는 것은 국가에 도움이 되지 않는다. 작전에 있어 해로움을 완전히 알지 못하는 사람은 이로움도 완전히 알지 못한다.

2. 군을 잘 다루는 자는 군사를 두 번 출정시키지 않고, 식량을 세 번 적재하지 않는다. 장비는 자신의 국가에서 식량은 적에게서 조달하므로 군사와 식량 모두 넉넉하다.

   한 국가가 군사작전으로 가난해질 때 그것은 보급품을 멀리 보내기 때문이다. 보급품을 멀리 수송하면 국민들은 가난해 진다. 군대 가까이 있는 사람이 높은 가격으로 판다. 그러면 높은 가격 때문에 보통사람의 부는 고갈된다. 자원이 고갈될 때 세금의 압박을 받는다. 힘과 자원이 고갈될 때 고국 땅은 비게 된다. 보통사람들은 예산의 70%를 빼앗기게 되고 반면에 장비에 대한 정부의 지출은 예산의 60%나 된다.

그러므로 현명한 지휘관은 적에게 빼앗아 먹이도록 노력한다. 적에게서 빼앗은 음식의 1파운드는 내가 스스로 조달한 음식의 20파운드와 동일하다.

3. 적을 죽이려면 분노를 일으키게 하고, 적의 물품을 취하려면 상을 주어야 한다. 그러므로 전차전에서 적어도 10대의 수레를 얻으면 제일 먼저 취한 사람에게 상을 주고, 그들의 기를 바꾸어 아군의 수레와 썩어서 사용하라. 그리고 적군을 잘 대우하여 그들을 길러라. 이것이 적을 극복하면서 힘은 더욱 강해진다고 하는 것이다.

그래서 군사작전에서 중요한 일은 승리하는 것이지, 지속하는 것이 아니다. 그렇게 하여 우리는 군사지도자가 국민의 생명과 국가의 안위를 책임진다는 것을 안다.

♜ 핵심구절

1. 하루에 천금을 써야 10만 군사를 쓸 수 있다.
   日費千金然後 十萬之師擧(일비천금연후 십만지사거)

2. 전쟁이란 이기더라도 오래 걸리면 군사력이 약해진다.
   勝久則鈍兵挫銳(승구즉둔병좌예)

3. 전쟁의 요체는 이기는데 있지 오래 끄는데 있지 않다.
   兵貴勝 不貴久(병귀승 불귀구)

4. 전쟁은 서툴더라도 빨리 끝냈다는 말은 들었어도
   교묘하게 오래 끌었다는 것은 보지 못했다.
   兵聞拙速 未睹巧之久(병문졸속 미도교지구)

♜ 핵심사례

6.25전쟁: 김일성은 왜 6.25일 남침하였는가?

* 속전속결 즉, 8.15일 부산에서 해방 기념일 축하식 거행을 위하여 1일 10Km씩 진격

♜ 핵심교훈

"타인에 의존하는 삶은 비참하다"

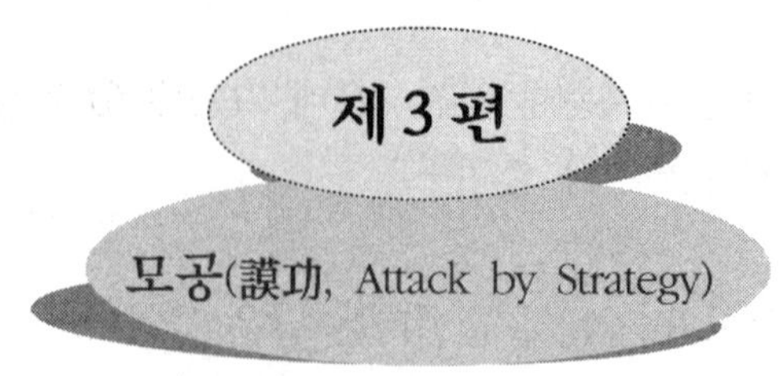

"상처뿐인 전쟁은 이겨도 헛일이다"

♜ 핵심 메시지

이겼다고 같은 것은 아니다. 상처뿐인 영광이 있는가 하면 다치지 않는 승리도 있다. 검투사에게는 상처뿐인 영광이 가장 좋은 승리이다. 즐거움을 주기 때문이다. 그러나 전쟁은 즐거움을 주자고 하는 것이 아니라 적을 굴복시켜 자신이 의도하는 바를 강요하는 행위이다.

목적을 이루었다면 모양새가 어떠하던 이긴 싸움이다. 반면 실컷 싸워 이겼다 하더라도 목적을 이루지 못했으면 헛고생이다. 어떤 일이든 뜻대로 되지 않기 때문에 전쟁을 하는 것이다. 싸워야 하나 말아야하나 고민하는 지도자는 괴롭기 마련이다. 이 고민은 나를 직시하는 것으로 시작한다.

우선 나의 능력을 제대로 파악해야 한다. 전쟁에서 만용은 통하지 않는다. 오직 죽음뿐이다. 과장하지 말고 스스로를 냉정하게 파악하여야 한다. 아울러 적의 역량도 제대로 파악해야 한다. 대충 파악했다가는 큰 코 다친다.

나를 파악하고 적을 파악했다면 상호 비교해야 한다. 그리하여 이길 자신이 있으면 싸운다. 물론 이길 자신이 없으면 싸우지 말아야 하는 것은 당연하다. 그러나 싸우지 않는 것이 최선임을 알아야 한다.

♜ 핵심사상

1. 부전승: 벌모(伐謨) 〉 벌교(交) 〉 벌군(軍) 〉 공성(攻城)
2. 용병술: 10, 5, 2, 1, 부족, 열등
3. 국가지도자 잘못된 행동: 작전명령, 행정, 지휘계통개입
4. 5가지 승리방법: 싸울 때, 과소병력, 상하 뜻, 준비, 유능한 장수 불간섭
5. 지피지기 백전불태(知彼知己 百戰不殆)
   부지피지기 일승일부(不知彼知己 一勝一負)
   부지피부지기 매전필패(不知彼不知己 每戰必敗)

모공편에서는 국가전략을 다루고 있다. 모공이란 계략으로 공격한다는 뜻으로 부전승, 병력에 따른 용병술, 5가지 승리방법, 국가지도자의 잘못된 행동, 지피지기(知彼知己)를 중점적으로 다루고 있다.

첫째, 부전승(不戰勝)은 백번 싸워 백번 이기는 백전백승이 중요한 것이 아니라 "싸우지 않고 이기는 것이 최선"이라는 것과 "나의 피해를 최소화하는 것이 중요"하다는 전승(全勝)을 포함한다. 그러므로 적의 침략 의도를 꺾는 벌모(伐謀)가 최상이고, 다음은 외교적으로 고립시키는 벌교(伐交), 군사력을 사용하는 벌병(伐兵), 그리고 준비된 성을 공격하는 공성(攻城)이 최하위이다. 이는 치열한 교전 자체가 국가의 힘을 소진한다는 면에서 바람직하지 않다는 것이다.

둘째, 병력에 따른 용병술은 병력이 적군보다 10배 많으면 포위하고, 5배 많으면 정면공격하고, 2배 많으면 분리하여 공격하고, 비슷하

면 필사적으로 싸우고, 적을 때는 도망가고, 이길 수 없을 때는 피할 것을 주장하였다.

셋째, 5가지 승리방법은 1)싸워야 할지 말아야 할지 아는 자가 승리한다. 즉 의사결정이 중요하다는 것이다. 2)군대의 많고 적음을 쓸 줄 아는 자가 승리한다. 즉 병력에 따른 용병법을 강조한다. 3)상하가 뜻이 같아야 승리한다. 4)항상 먼저 준비한 자가 승리한다. 5)군사지도자가 능력이 있고 국가지도자가 간섭을 하지 않을 때 승리한다. 말하자면 군사지도자의 자율성이 필요하다는 뜻이다.

넷째, 국가지도자의 잘못된 행동은 1)실정도 모르고 진격명령을 내리거나 퇴각하라고 하는 경우 2)군의 내부사정도 모르고 군사행정에 간섭하는 경우 3)군의 지휘계통을 무시하고 군령을 내리는 3가지 경우로 즉흥적인 명령과 군 조직을 무시해서는 안 된다는 것이다.

다섯째, 결론적으로 “적을 알고 나를 알면 백번 싸워도 위태롭지 않다. 적을 알지 못하고 나만 알면 한번은 이기고 한번은 패배한다. 적을 모르고 나도 모르면 싸울 때마다 매번 패배한다.”고 강조함으로써 적과 나를 파악하는 것 즉 지피지기(知彼知己)의 중요성을 강조하고 있다.

♛ 손자병법 본문

1. 전쟁의 일반적인 법칙은 국가를 파괴하는 것보다 온전히 보존하는 것이 좋다. 군을 파괴하는 것보다 온전히 보존하는 편이 좋다. 사단을 파괴하는 것보다 온전히 보존하는 편이 좋다. 대대를 파괴하는 것보

다 온전히 보존하는 편이 좋다. 단위부대를 파괴하는 것보다 온전히 보존하는 편이 낫다.

그러므로 매 전투에서 승리하는 자가 능숙한 것이 아니며, 싸움을 하지 않고 다른 군대를 쓸모없이 하는 자가 가장 잘 싸우는 것이다. 따라서 가장 우수한 국가지도자는 계획을 수립하는 동안 공격하는 것이고, 다음은 외교를 공격하는 것이며, 다음은 군대를 공격하는 것이고, 성(도시)에 대한 공격은 마지막 수단으로 이루어져야 한다.

2. 기계를 만드는 준비에 3개월이 걸리고, 공격용 기계를 완성하는데 3개월이 걸린다. 만일 군사지도자가 분함을 이기지 못하고 군의 군대를 성위에 기어오르게 하여 병사의 3분의 1을 죽게 하고도 성을 확보하지 못한다면 이는 재앙적인 공격이 된다. 그러므로 군사작전에 능숙한 자는 싸움을 하지 않으면서 적을 굴복시키고, 공격 없이 적의 도시를 정복하며, 오래 끌지 않고 다른 나라를 무너뜨린다.

3. 온전한 승리로 천하를 다투어야 한다. 그래야 군이 무디어지지 않고 이익이 온전하다. 이것이 바로 모공법이다. 그러므로 군대를 사용하는 규칙은 병력이 10:1이면 포위하고, 5:1이면 공격하고, 2:1이면 분산시키고, 동등하여 싸울만하면 싸운다. 만약 병력이 적으면 도망가고, 승산이 없으면 피한다. 적은 병력으로 완강히 버티면 다수 병력 쪽의 포로가 된다.

4. 군사지도자는 국가를 보위하는 사람이다. 그들의 보위가 완벽할 때 나라는 강하다. 그들의 보위에 결함이 있으면 나라는 약해진다. 그런데 국가지도자가 군대를 걱정시키는 3가지가 있다. 사실을 알지 못하면서 국가지도자가 진격해서는 안 될 때 진격하라 하고, 물러서서는 안 될 때 물러서라 할 때 이는 군대를 속박하는 것이다. 국가지도자가 군대에 대하여 모르면서 군대의 행정에 관여하면 군대는 혼란스러

워진다. 국가지도자가 군대의 기동에 대하여 잘 모르면서 군대의 지휘계통에 간섭하면 군대는 주저한다. 일단 군대가 혼란스럽거나 주저하게 되면 우려는 경쟁자들로부터 온다. 이로 인하여 군대를 혼란시켜 승리를 빼앗아간다.

5. 누가 승리할지를 아는 5가지 방법이 있다. 1)싸울 때와 싸우지 않아야 할 때를 아는 자는 승리한다. 2)많은 군대와 적은 군대를 사용할지를 구분하는 자는 승리한다. 3)위아래 계급이 같은 의지를 갖도록 하는 자는 승리한다. 4)준비 상태에서 준비되지 않은 상태를 맞이하는 자는 승리한다. 5)장군들이 유능하고 국가지도자로부터 간섭받지 않는 자는 승리한다. 이 5가지가 누가 승리하는지를 아는 방법이다.

   그러므로 적을 알고 나를 알면 백번 싸워도 위태롭지 않다. 적을 알지 못하고 나를 알면 한번 이기고 한번은 질 것이다. 만약 적을 알지 못하고 자신도 알지 못하면 매번 전투에서 패할 것이다.

♛ 핵심구절

1. 싸우지 않고 굴복시키는 것을 최고라고 한다.
   不戰而屈人之兵 善之善者(부전이굴인지병 선지선자)

2. 온전하게 천하를 다투어야 한다.
   必以全爭於天下(필이전쟁어천하)

3. 伐謨(벌모), 伐交(벌교), 伐兵(벌병), 攻城(공성)

4. 十則圍之(십즉위지)　　五則攻之(오즉공지)
   倍則分之(배즉분지)　　敵則能戰之(적즉능전지)
   小則能逃之(소즉능도지)
   不若卽能避之(불약즉능피지)

5. 싸워야 할지 말아야 할지를 아는 자가 이긴다.
知可以戰與不可以戰者勝(지가이전여불가이전자승)

군대의 많고 적음을 쓸 줄 아는 자가 이긴다.
識衆寡之用者勝(식중과지용자승)

상하가 같은 마음을 갖는 자가 이긴다.
上下同欲者勝(상하동욕자승)

싸움 준비를 끝내고 적을 기다라는 자가 이긴다.
以虞待不虞者勝(이우대불우자승)

장수는 유능하고 지도자는 개입하지 않는 쪽이 이긴다.
將能而君不於者勝(장능이군불어자승)

6. 적을 알고 나를 알면 백번을 싸워도 위태롭지 않다.
知彼知己 百戰不殆(지피지기 백전불태)

적을 모르고 나만 알면 한 번 이기고 한 번 진다.
不知彼而知己 一勝一負(부지피이지기 일승일부)

적도 모르고 나도 모르면 싸울 때마다 진다.
不知被 不知己 每戰必敗(부지피 부지기 매전필패)

♜ 핵심사례

6.25전쟁은 남, 북한 누가 승리하였는가?

* 전쟁손실: 500만 인명손실, 1000만 이산가족, 30만 미망인
10만 고아

♜ 핵심교훈

"상처는 피하는 것이 상책이다"

"지지 않는 태세를 갖추는 것이 우선이다"

♜ **핵심 메시지**

싸움은 이기는 싸움만 해야 한다. 지는 싸움은 하는 것이 아니다. 싸움을 하려면 자신을 알아야 하고 적을 알아야 하고 주변상황이 유리해야 한다. 그 가운데 자신을 아는 것이 가장 먼저이다. 지지 않는 태세를 갖추는 것이 우선이다. 준비도 안 된 상태에서 싸움에 나서는 만용과 모든 준비를 끝내고 적을 마주하는 용기를 구분해야 한다. 싸움에는 상대가 있다.

사회생활도 마찬가지이다. 먼저 자신이 준비를 해놓고 나아가야 그만큼 수월하다. 사회에 나가 그때부터 준비하는 것은 권투선수가 아무 준비 없이 링에 서는 것과 다르지 않다. 그러면 패배뿐 아니라 생명마저 위태로울 수 있다. 그것이 사회이다.

내가 준비를 했다고 끝이 아니다. 이제부터 시작이다. 상대를 알아야 한다. 그리고 약할 때만 싸워야 한다. 강하면 약하게 만들어야 한다. 이길 수 없다면 지키는 것이 상책이다. 계란으로 바위를 치면 계란이 깨진다. 바위로 계란 치는 싸움을 해서는 절대 안 된다. 이순신의 23전 23승은 이기는 싸움만 했기 때문이다. 이미 패배한 자를 상대로 싸워 이긴 것이다.

♜ 핵심사상

1. 지지 않는 태세가 우선(지지 않음 〉 이김, 不可勝 〉 可勝)
2. 이겨놓고 싸운다(先勝以後求戰, 先戰以後求勝)
   쉬운 싸움에서 승리: 이승(易勝)
3. 국토(측정), 자원(평가), 인구(계산), 전력(비교), 승리
4. 이상형(태세): 계곡물(若決積水於千刃之谿者)

군형이란, 군의 배치로 손자는 전쟁에서는 정적인 군형(Formation)으로부터 시작하여 동적인 세(Force)로써 승리한다고 보았으며 크게 3가지 핵심사상을 담고 있다.

첫째, 먼저 적이 이길 수 없는 만반의 태세를 갖추어야 한다. 이를 위해서는 "적이 나를 이기지 못할 태세를 먼저 갖추고, 적을 이길 수 있는 약점이 나타나기를 기다린다."는 점을 강조하고 있다. 그리하여 쉽게 승리하여야 한다.

둘째, 이겨놓고 싸움을 시작해야 한다는 것이다. 전쟁에서 승리하는 자는 먼저 이겨놓고 싸움을 시작하고 패배한 자는 싸움을 시작하고 나서 승리를 도모한다.

셋째, 천길 계곡 위의 물이 쏟아지는 것처럼 승리하라는 것이다. 전쟁에서 승패를 결정하는 5가지 요소는 하나 지형에 따른 국토넓이, 둘 국토의 넓이에 따른 자원의 량, 셋 자원의 양에 따른 인구의 수, 넷 인구수에 따른 전력의 강약, 다섯 전력의 강약에 따른 전쟁의 승패를 알 수 있다.

넷째, 전쟁에서 승리하는 자의 싸움은 마치 천길 계곡 위에 막아둔 물을 터놓은 것과 같아야 하는 것으로 이를 태세(形)라고 한다.

♜ 손자병법 본문

1. 옛날에 싸움에 능한 사람은 먼저 자신을 무적으로 만들어 놓고 취약한 적을 기다렸다. 이길 수 없게 만드는 것은 나에게 달려있고, 이길 수 있게 만드는 것은 적에게 달려있다. 싸움에 능한 사람도 자신을 무적으로 만들 수는 있으나 적을 취약하게 만들 수는 없다. 이것이 바로 승리는 알 수는 있으나 만들 수 없다는 뜻이다.

   무적은 방어의 일이고, 취약성은 공격의 일이다. 방어는 부족할 때를 위한 것이고, 공격은 여력이 있을 때를 위한 것이다. 방어에 능숙한 사람은 땅속 깊은 곳에 숨는 것과 같고, 공격에 능한 사람은 하늘 높은 곳에서 움직이는 것과 같다. 그들은 스스로 보전할 수 있고 완벽한 승리를 쟁취할 수 있다.

2. 모든 사람이 예측한 승리는 진정 유능한 승리가 아니다. 모든 사람이 전투에서 훌륭한 승리라고 말하는 것은 진정 훌륭한 것이 아니다. 머리카락을 들어 올렸다고 해서 힘을 가진 것이 아니고, 해와 달은 보았다고 해서 밝은 눈을 가진 것이 아니며, 천둥소리를 들었다고 해서 날카로운 귀를 가진 것이 아니다.

   옛날에 싸움을 잘하는 사람은 이기기 쉬운 싸움에서 이겼다. 싸움을 잘하는 사람의 승리에서 지혜롭다거나 용맹하다는 말을 들어 본 적이 없다. 그들의 전쟁에서 승리는 요행이 아니다. 그들의 승리는 스스로 확실히 승리할 수 있는 곳에 있기 때문에 요행이 아니고, 이미 패한 자들에게 승리하는 것이다.

그러므로 싸움을 잘하는 사람은 패할 수 없는 곳에 자리를 잡고, 적이 패하기 쉬운 조건을 간과하지 않는다. 따라서 승리하는 군대는 먼저 이겨놓고 싸우고, 패하는 군대는 먼저 싸워놓고 승리를 구한다.

3. 용병에 능한 자는 도를 닦고 법을 잘 보존한다. 이렇게 그들은 부패한 자를 압도하는 방법으로 통치한다. 군대의 규칙에는 5가지가 있다. 국토, 자원, 인구, 전력, 승리이다. 국토는 자원을 불러오고, 자원은 인구를 불러오며, 인구는 전력을 불러오고, 전력은 승리를 불러온다.

그러므로 승리하는 군대는 큰 단위로 적은 무게를 재는 것과 같고, 패배하는 군대는 적은 단위로 큰 무게를 재는 것과 같다. 마치 모여 있는 물을 깊은 골짜기로 보내는 것과 같이, 승리하는 사람이 부하들을 전쟁에 보낼 때 바로 이러한 군대의 형태이다.

♜ 핵심구절

1. 먼저 지지 않는 태세를 갖추고 이길 기회를 기다리면 이긴다.
   先爲不可勝 以待敵之可勝(선위불가승 이대적지가승)

2. 지지 않는 것을 나에게 달려 있고, 이기는 것은 적에게 달려 있다.
   不可勝在己 可勝在敵(불가승재기 가승재적)

3. 승리를 알 수는 있어도 만들 수는 없다.
   勝可知而不可爲(승가지이불가위)

4. 이길 때 공격한다.
   可勝者 攻也(가승자 공야)

5. 잘 싸우는 자는 쉽게 이기는 싸움에서 이긴다.
   善戰者 勝於易勝者(선전자 승어이승자)

6. 승리는 이미 패배한 자를 대상으로 하는 것이다.
   勝已敗者(승이패자)

7. 이기는 군대를 이겨놓고 싸우고
   勝兵先勝而後救戰(승병선승이후구전)

   지는 군대를 싸워놓고 승리를 구한다.
   敗兵先戰而後救勝(패병선전이후구승)

♜ 핵심사례

6.25전쟁 당시 한국군의 태세는 어떠하였는가?

* 남북한 전력비교

병력 10만 5,752명	:	19만 8,380명
곡사포 91문	:	552문
전차 0대	:	242대
비행기 22대	:	221대

♜ 핵심교훈

"살아남는 자가 강한자이다"

"상대를 몰아칠 때는 몰아쳐야 한다"

♜ 핵심 메시지

누구나 싸움에서 이기고 싶어 한다. 이기려면 편이 많아야 한다. 편만 많다고 되는 것이 아니라 전진해야 한다. 그것이 세이다. 이기는 싸움과 지는 싸움의 판단기준이 세인 것이다. 세는 장마철 계곡물에 바위를 굴리 듯, 천 길 낭떠러지에 목석이 구르듯 군사들을 몰아치는 것이다. 모든 일에 때가 있듯 싸움에도 때가 있다. 몰아칠 때 몰아치지 않고 주춤주춤하다가는 오히려 적에게 당할 수 있다.

그렇다고 반드시 편이 많아야 한다는 것은 아니다. 때에 따라 많아 보이기만 해도 된다. 불어난 계곡물처럼 보이기만 해도 되고 천 길 낭떠러지처럼 보이기만 해도 될 때가 있다. 이순신 장군이 판옥선 13척으로 일본 배 333척을 대적했던 '명랑해전'에서 어선 100여 척을 함께 출동시켜 많은 것처럼 보이도록 한 것이다.

사람은 때로 보고 싶은 것만 보고, 듣고 싶은 것만 듣는 경향이 있다. 윗사람일수록 그렇다. 신경 쓰기 귀찮기 때문이다. 특히 싸움터에서 적에게는 보고 싶은 것만 보여주고 듣고 싶은 것만 전해주면 된다. 그래서 이미지 메이킹(Image making)이나 정보공작이 먹히는 것이다.

♜ 핵심사상

1. 병세: 전투력(正) + 운용술(奇) - 以正合 以奇勝
   -정: 軍形(준비태세), 分數(부대편성), 形名(부대지휘)
   -기: 기정(원칙과 변칙), 허실(강약)
2. 기*정: 무한대
   소리(궁, 상, 각, 치, 우)
   색깔(빨, 파, 노, 검, 흰),
   맛(단, 신, 쓴, 짠, 매)
4. 군사력 운용: 기세 + 절도(氣勢 + 節度)
3. 승리(전세 〉 개인, 구지어세 불책어인 求之於勢 不責於人)
4. 이상형: 목석 천 길 낭떠러지(如轉圓石於千仞之山者)

병세란 군을 움직이는 기세로 군대를 폭풍처럼 몰아가는 것으로 5개의 핵심사상을 담고 있다.

첫째, 군사력운용은 분수(Division)라는 부대편성, 형명(Form & Call)이라는 깃발이나 북을 이용한 부대지휘, 기정(Unorthodox & Orthodox)이라는 원칙과 변칙 혼용, 허실(Emptiness & Fullness)이라는 약점과 강점의 활용에 달려있다.

둘째, 전세를 결정짓는 요소는 5가지 소리, 색, 맛이 어울려 무궁무진하듯 '기습작전'과 '정공법' 2가지가 어울려 무궁무진하여 적을 맞아 싸워도 절대로 패하지 않는다.

셋째, 군사력 운용은 거센 물결이 돌을 뜨게 하는 것과 같은 기세(Momentum)와 질풍같이 날아든 매가 새를 한방에 부러뜨리는 것과 같은 절도(Precision)와 같이 맹렬하고 민첩해야 한다.

넷째, 훌륭한 군사지도자는 전쟁에서의 승리를 전세(Force)에서 구하지 개인(Individual)에게서 구하지 않는다. 그러므로 사람을 잘 선택하여 적재적소에 배치하여 전세를 강화한다.

다섯째, 훌륭한 군사지도자가 만들어내는 기세는 마치 둥근 돌을 천 길이나 되는 높은 산 위에서 굴리는 것과 같다.

♜ 손자병법 본문

1. 많은 군사를 적은 군사를 다스리는 것과 같이 다룰 수 있는 것은 편성에 달려있다. 많은 군사와 싸울 때 적은 군사와 싸우는 것처럼 할 수 있는 것은 형태와 소리 때문이다. 군사가 패함이 없이 적군과 대치할 수 있도록 하는 것은 기습과 정공법에 달려있다. 왜냐하면 바위로 계란을 치는 것과 같은 군사의 충격은 허실과 같기 때문이다.

   전쟁은 정공법으로 대치하다가 기습으로 승리하는 것이다. 그러므로 기습에 능한 자는 그 조화가 하늘과 땅처럼 무궁무진하고 커다란 강처럼 끝임이 없다. 끝나면 날과 달처럼 다시 시작한다. 4계절과 같이 죽고 그리고 다시 태어난다.

2. 음계는 단지 5가지이나 그들의 변화는 너무나 다양하여 모두 들을 수 없다. 컬러는 5가지이나 그들의 변화는 너무 다양하여 모두 보여 질 수 없다. 맛은 5가지이나 그들의 변화는 너무 다양하여 맛보여 질 수 없다. 전쟁에서는 단지 기(奇)의 기습공격과 정(正)의 직접공격 2가지 뿐이나 기와 정의 변화는 무궁무진하다. 기와 정은 시작이 없는 순환과 같이 서로 공존하니 누가 그것들을 다 쓸 수 있겠는가?

3. 거세게 흐르는 물의 속도가 표석을 움직일 수 있는 지점에 이를 때

이것이 기세이다. 매의 속도가 치고 죽일 수 있을 때 이것이 절도이다. 그러므로 이것은 전쟁에 능한 장수들이 함께한다. 그들의 기세는 빠르고 절도는 짧다. 그들의 세는 돌화살을 당기는 것과 같고, 그들의 절도는 방아쇠를 당기는 것과 같다.

4. 무질서는 질서로부터 오고, 겁은 용기로부터 오며, 나약함은 강함으로부터 온다. 질서와 무질서는 수에서 오고, 용기와 겁은 기세에서 오며, 강함과 나약함은 태세에서 온다. 그러므로 능숙하게 적을 움직이는 사람은 적들이 따르는 태세를 만들고, 적들이 반드시 취하려는 것을 준다. 그들은 이익으로써 적을 움직이고 매복을 하여 적을 기다린다.

5. 전쟁을 잘하는 사람은 태세에서 성과를 구하고, 개인에게서 구하지 않는다. 그러므로 사람을 골라 태세로 그 일을 하게 한다. 태세로 일을 하여 싸우도록 하는 것은 나무와 돌을 굴리는 것과 같다. 나무와 돌은 안전한 곳에서 정지하고 경사진 곳에서 구른다. 즉 그들은 모나면 정지하고 둥글면 구른다. 그러므로 사람들이 전투에서 잘 싸울 때 기세는 높은 산에서 구르는 둥근 바위와 같고 이것이 바로 세이다.

♜ 핵심구절

1. 무릇 많은 군사를 다스리는 것을 적은 군사를 다스리는 것과 같이 할 수 있는 것은 분수요, 많은 군사로 싸우게 하는 것을 적은 군사로 싸우게 하는 것 같이 할 수 있는 것은 형명이다.
   凡治衆如治寡 分數(범치중여치과 분수),
   鬪衆如鬪寡 形名(투중여투과 형명)

2. 군대가 적을 맞아 지지 않게 하는 방법은 원칙과 변칙의 혼용이다.
   可使必受敵而無敗者 寄正(가사필수적이무패자 기정)

3. 바위로 계란을 치듯 하는 것은 허와 실의 혼용에 있다.
如以碫投卵者 虛實(여이하투란자 허실)

4. 사납게 흐르는 물이 돌을 굴리는 힘, 그게 바로 세다.
激水之疾 至於漂石者 勢也(격수지질 지어표석자 세야)

5. 무릇 전쟁이라는 것은 정으로써 대치하고 기로서 승리한다.
凡戰者 以正合 以奇勝(범전자 이정합 이기승)

6. 전쟁을 잘하는 사람의 기세는 험하고 절도가 짧다.
凡戰者 其勢險 其節短(범전자 기세험 기절단)

7. 세에서 답을 구하지 사람에게 책임을 지우지 않는다.
求之於勢 不責於人(구지어세 불책어인)

8. 어지러움은 다스림에서 생기고, 겁은 용기에서 생기고, 약은 강함에서 생긴다.
亂生於治 怯生於勇 弱生於彊(난생어치 겁생어용 약생어강)

9. 이익으로 움직이게 하여 아군이 기다린다.
以利動之 以卒待之(이이동지 이졸대지)

10. 싸움을 잘하는 사람의 세는 둥근 돌을 천 길 낭떠러지에서 굴리는 세다.
善戰人之勢 如轉圓石於千仞之山者勢也
(선전인지세 여전원석어천인지산자세야)

♜ 핵심사례

6.25전쟁 당시 한국군의 북진이나 중공군의 남진의 세는 어떠하였는가?

* 국군1사단: 50년 10월 19일 조기 평양점령
국군3사단: 50년 10월 10일 조기 원산점령
(미 1기병사단 10. 17~26, 미 7사단 10. 27~29)
중공군 남하: 51년 1.4후퇴, 2번째 서울상실

♜ **핵심교훈**

"혼자서는 결코 번영할 수 없다"

"약점을 공격하는 책략이 필요하다"

♜ 핵심 메시지

선택과 집중은 만고의 진리이다. 사람은 모든 것을 다 할 수 없기 때문이다. 싸움도 마찬가지이다. 적의 약한 곳을 선택하여 집중하여야 한다. 강한 곳을 때리거나 모든 곳을 치다가는 제풀에 지쳐 패배한다. 권투선수도 마찬가지이다. 때린 데 또 때리고 아픈 곳을 때리고 딴 데 볼 때 때리고 안 때리는 척하면서 때린다.

김일성·김정일·김정은이 핵개발을 하지 않겠다고 수없이 이야기했지만 결국 해냈다. 돈은 없지만 체제유지를 위한 생존전략으로 국제사회의 비난에 아랑곳하지 않고 자신이 할 수 있는 분야를 선택하고 집중한 것이다. 사악하고 치사한 놈이라는 비난은 받지만 어떻든 자신의 생존을 보장받을 수 있는 길을 눈 딱 감고 걸은 것이다.

싸움에서는 상대가 준비되지 않았을 때 먼저 펀치를 날리는 '선제(先制)', 일격 후 틈을 주지 않고 쉴 사이 없이 몰아치는 '주동(主動)', 예상치 못한 곳을 공격하는 '의표(意表)'가 핵심이다. 그러나 싸움에는 정답이 너무 많다. 사람 수만큼 처해진 경우만큼 답이 있다. 그렇지만 어느 때나 선택과 집중이 답이다. 이것은 인생살이에 있어서도 마찬가지이다. 모든 것을 다 할 수 없는 것이 짧은 인생이다.

♜ 핵심사상

1. 공격요결: 선제, 주동, 의표
2. 피실격허(避實擊虛): 강한 곳은 피하고 약한 곳을 공격
3. 비노출: 아 집중, 적 분산(我專而敵分)
4. 무형: 반복하지 않음(전승불복, 戰勝不復)
5. 병형상수(兵形像水): 물(지형), 전쟁(적)

허실은 약점과 강점을 의미하는 것으로 적의 강(Fullness)한 곳을 피하고 약(Emptiness)한 곳을 타격한다는 피실격허(Avoid the full & Attack the empty)가 중심주제로 5가지 핵심사상을 담고 있다.

첫째, 주도권이다. 즉 적을 조종하되 조종당하지 말라는 것이다. 이를 위해서 적이 자발적으로 오게 하려면 이롭다는 생각이 들게 해야 하고, 반대로 오지 못하게 하려면 해롭다는 생각이 들도록 해야 한다.

둘째, 적의 허를 찌른다. 이를 위해서 공격에 능한 자는 적이 어디를 어떻게 지켜야 할지 모르게 하고, 수비에 능한 자는 적군이 어디를 어떻게 공격해야 할지 모르게 한다.

셋째, 적은 들어나게 하고, 아는 드러나지 않게 한다. 그러면 아군은 필요한 대비를 위하여 집결하고, 적군은 골고루 대비해야하기 때문에 분산된다.

넷째, 무형으로 승리한다. 적은 병력으로 승리하기 위해서는 피차간 이해득실, 규율과 형태, 지형의 유 불리, 강한 곳과 약한 곳을 파악해야하므로 결국 군사의 최고의 경지는 형태가 없는 것이다.

다섯째, 부대 운용의 형태는 물의 흐름과 같이한다. 즉 물이 높은 곳을 피하고 낮은 곳으로 흐르듯이, 적의 강한 곳을 피하고 약한 곳을 타격한다.

♜ 손자병법 본문

1. 싸움터에 먼저 나가 적을 기다리는 자는 편안하고, 늦게 싸움터에 나가 전투에 뛰어드는 자는 피곤하다. 그러므로 싸움을 잘하는 장수는 적을 오도록 하고, 적에게 가지 않는다. 적을 그들 자신의 의지에 따라 오게 하는 것은 이익이 있기 때문이고, 적이 못 오게 하는 것은 해가 있기 때문이다. 그러므로 적이 편안하면 피곤하게 한다. 적이 배부르면 굶주리게 한다. 적이 쉬고 있으면 움직이게 한다.
2. 적이 갈수 없는 곳에 나타나고 적이 기대하지 않는 곳을 향한다. 천리를 가도 피로함이 없는 것은 적이 없는 곳을 가기 때문이다.

   실패 없이 공격하는 것을 얻기 위해서는 방어하지 않는 곳을 공격하라. 실패 없이 확고한 방어를 위해서는 공격이 없는 곳을 방어하라. 그러면 공격에 능한 자는 그들의 적이 방어하는 곳을 알지 못한다. 방어에 능한 자는 그들의 적이 공격하는 곳을 알지 못한다.

   극히 은밀히 하라, 형태가 없을 정도로! 극히 신비롭게 하라! 소리가 없을 정도로! 그렇게 해야 적의 생사를 다스릴 수 있다. 저항 없이 진격하기 위해서는 적의 틈새를 공격하라. 찾기 힘들게 물러나기 위해서는 적의 속도를 능가하라. 전투를 원할 때는 적이 방어진지 깊숙이 자리를 잡더라도 적이 반드시 구하려가는 곳을 공격한다면 싸움을 회피할 수 없을 것이다. 전투하기를 원하지 않을 때는 지키는 곳에 선을 긋더라도 적을 잘못된 길로 들어서게 하여 싸우지 않을 수 있다.

3. 그러므로 아군은 드러나지 않도록 하고, 적이 들어나도록 할 때 적은 분산되고 아는 집중된다. 적이 10으로 분리되는 동안 아가 하나로 집중될 때 10:1로 집중하여 적을 능가한다. 만일 다수로 소수를 칠 수 있다면 싸우는 적들의 수를 최소화 할 것이다.

   아군의 싸움터는 알려지지 않아야 한다. 왜냐하면 그것이 알려지지 않을 때 적은 많은 초소를 만든다. 그리고 많은 초소가 설치되기 때문에 상대 적의 수는 줄어든다. 그러므로 앞을 준비하면 뒤가 부족하고, 뒤를 준비하면 앞이 부족하다. 왼쪽을 준비하면 오른쪽이 부족하고, 오른쪽을 준비하면 왼쪽이 부족하다. 모든 곳을 준비하면 모든 곳이 부족하다는 의미이다.

   적은 것은 적을 수비하는 자이고, 많은 것은 적으로 하여금 아군을 수비하게 하는 것이다. 그러므로 싸울 장소와 시간을 안다면 천리 밖에서도 싸울 수 있다. 만약 싸울 장소와 시간을 알지 못한다면, 몇 십리의 짧은 거리에서 조차 왼쪽이 오른쪽을 구할 수 없고, 오른쪽이 왼쪽을 구할 수 없으며, 전위는 후위를 구할 수 없고, 후위는 전위를 구할 수 없다.

4. 나의 평가로는 적이 보다 많은 군대를 가지고 있더라도 그것이 어떻게 네게 승리하도록 도울 수 있겠느냐? 그래서 승리는 만들어질 수 있다는 말이 있다. 적들이 많더라도 그들이 싸우지 않도록 만들어질 수 있다. 그들의 성공과 실패의 계획을 파악하여 평가하라. 그들의 움직임과 휴식을 파악하기 위하여 행동으로 유인하라. 생사의 지리

를 알기위하여 특별한 형태를 채택토록 하라. 충분한 곳과 부족한 곳을 파악하기 위하여 그들을 테스트하라.

그러므로 군형의 극치는 형체가 없는 것이다. 형체가 없다면 은밀한 첩자도 엿볼 수 없고, 지혜 있는 자도 전략을 세울 수 없다. 군형에 의해 많은 승리를 얻어도 많은 사람들에게 알려지지 않는다. 모든 사람은 승리를 거둔 형태는 알아도 그 승리를 거두도록 만든 형태를 알지 못한다.

5. 그러므로 전쟁에서 승리는 반복되지 않으나, 그것의 형태는 끊임없이 적용된다. 군대의 형태는 물과 같다. 물의 형태는 높은 곳을 피하고 낮은 곳으로 흐르며, 충실한 곳은 피하고 허약한 곳을 공격한다. 물의 흐름은 땅에 의해 결정되고 전쟁의 승리는 적에 의하여 결정된다. 그러므로 전쟁에는 일정한 형태가 없고, 물도 일정한 형태가 없다. 적에 따른 변화와 적용으로 승리를 얻는 능력을 이른 바 천재라고 한다.

♜ 핵심구절

1. 싸움터에서는 먼저 자리 잡고 기다리면 편하다.
   先處戰地以待敵者逸(선처전지이대적자일)

2. 적을 끌어들이지 적에게 끌려 다니지 않는다.
   致人而不致於人(치인이불치어인)

   적이 편할 때는 피곤하게 한다.
   逸能勞之(일능로지)

   적이 배부를 때는 배고프게 한다.
   安能動之(안능동지)

3. 생각지도 못한 곳을 공격하라.
   趨其所不意(추기소불의)

4. 적이 어디를 지켜야 할지 모르게 한다.
   敵不知其所守(적부지기소수)

5. 허점을 찌르면 공격해 들어가는 데 방어가 없다.
   進而不可御者 衝其虛也(진이불가어자 충기허야)

6. 모든 곳을 지키면 모든 곳이 약해진다.
   無所不備 則無所不寡(무소불비 즉무소불과)

7. 적이 비록 많더라도 못 싸우게 하면 그만이다.
   敵雖衆 可使無鬪(적수중 가사무투)

8. 최고 경지의 전법은 형태가 없다.
   形兵至極 至於無形(형병지극 지어무형)

9. 전쟁의 형태는 물과 같다.
   兵形象水(병형상수)

♜ 핵심사례

6.25당시 중공군이 노린 아군의 약점은 무엇이었는가?

* 미8군/미10군단 사이: 군우리, 장진호전투
  한국군: 사창리(6사단), 현리(3군단) 전투

♜ 핵심교훈

"블루오션(BLUE OCEAN)을 찾아야 산다."

"급할수록 제2, 3의 길로 돌아간다."

♜ 핵심메시지

싸우기 위해서는 유리한 위치로 이동하는 것이 필수적이다. 그러나 무조건 가까운 곳으로 가서는 안 된다. 싸움에는 적이 있고 장애물이 있기 때문이다. 때에 따라서는 멀리 돌아가는 지혜도 필요하다. 멀리 돌아가는 것이 지름길이 될 수 있기 때문이다. 그래서 카르타고의 한니발이 알프스를 넘어 로마로 갔고, 로마의 스키피오는 적을 앞에 두고 카르타고로 향했으며, 미국의 맥아더는 인천으로 돌아 서울로 직행했다. 결국 지름길은 없다.

인생살이도 마찬가지이다. 손쉬운 길이 지름길인 것 같아 보이지만 살다보면 돌아오는 것이 나았을 것이라는 생각을 떨쳐버리지 못할 때가 있다.

그러자면 때로는 바람처럼 빨리 움직여야하지만 숲처럼 조용히 있어야 하고, 불같은 기세로 쳐들어가야 하지만 산처럼 꿈쩍하지 않아야 하고, 움직임은 그림자처럼 알 수 없으면서도 번개처럼 순식간에 이뤄져야 한다.

이를 위해서는 자기 자신을 다스려야 한다. 기력, 마음, 힘, 변화를 다스려야 한다. 그 가운데 무엇보다도 마음을 다스려야 한다. 마음의 준비가 되어있지 않으면 어느 것도 할 수 없기 때문이다.

♜ 핵심사상

1. 군쟁(軍爭): 군사 모집, 편성, 유리한 곳 이동
2. 간접접근: 우직지계(迂直之計, 적이 없는 곳)
   위기극복: 이환위리(以患爲利)
3. 군대움직임: 풍, 림, 화, 산, 음, 뢰(風, 林, 火, 山, 陰, 雷)
4. 리더십: 기, 심, 력, 변(氣, 心, 力, 變)
5. 8가지 용병술: 적은 적 무시, 마지막 유의 등

군쟁(軍爭)은 군사지도자의 용병술의 하나로 적과 싸우기 위해 유리한 위치로 이동한다는 의미로 3가지 핵심사상이 담겨있다.

첫째, 우직지계로 가까운 길이라고 곧바로 가는 것이 아니라 돌아갈 줄도 알아야 하고, 근심스러운 것도 이익으로 전환할 줄 알아야 한다. 이것이 돌아감으로써 오히려 빨리 가는 지혜라는 것이다.

둘째, 전쟁은 속임수로써 성립하고, 이익으로써 움직이며, 분산과 집합으로 변화를 일으키는 것이다. 따라서 군대의 움직임은 풍(風)·림(林)·화(火)·산(山)·음(陰)·뢰(雷)와 같아야 한다. 즉 빠름은 바람과 같이, 느림은 숲과 같이, 공격은 불과 같이, 묵직함은 산과 같이, 어둠처럼 모르게, 천둥번개와 같이 신속해야 한다.

셋째, 기(氣)·심(心)·력(力)·변(變)은 리더십에 해당하는 것으로 장병들의 기세, 심리, 기력, 변화를 다스리는 것을 말한다. 예를 들어 적

군의 기세가 예리하고 왕성한 아침을 피하고 기세가 해이해지는 낮이나 거의 사라지는 저녁에 공격을 감행하는 것이 바로 기세를 다스리는 방법이다.

넷째, 8가지 용병술로 예를 들면 퇴로 없이 적군을 포위하거나 추격하지 말라. 궁지에 몰린 적군을 지나치게 핍박하지 말라는 것이다.

♜ 손자병법 본문

1. 군대를 운용하는 일반적인 규칙은 장수가 임금의 명을 받아 징집하고 편성하고 적과 대치하는 것이다. 따라서 그 어느 것도 군쟁보다 어려운 것은 없다. 군쟁의 어려움은 먼 거리를 가까운 곳으로 만들고, 불리함을 유리한 것으로 만드는 것이다. 그러므로 이익으로 그들을 유혹하여 그들의 길을 가도록 만든다. 적들보다 늦게 출발하고 그들보다 먼저 도착할 때 먼 곳을 가까운 것으로 만드는 전략을 안다고 할 수 있다.

   그러므로 군쟁은 이익이 되기도 하고 위험이 되기도 한다. 이익을 다투는데 전군을 동원하면 너무나 오래 걸리고, 일부만 싸우면 장비가 부족하게 된다. 그러므로 가볍게 밤낮을 멈추지 않고 빠른 속도로 100리를 가 싸우면 장군들은 포로가 된다. 강한 병사들은 먼저 도착하게 되고, 약한 병사들은 보통 늦게 도착하여 10분의 1만 도달하게 된다.

   50리를 가 승리를 위하여 싸우면 앞의 장수는 쓰러지고 통상 병사의 50%가 도달하게 된다. 30리를 가서 승리를 위해 싸우면 3분의 2가 도달하게 된다. 그러므로 군은 장비가 없으면 패하고, 식량이 없으면 패하고, 자금이 없으면 패한다.

2. 경쟁나라의 의도를 알지 못하면 미리 동맹을 맺을 수 없다. 산과 숲, 골짜기와 막힌 곳, 습지와 늪을 알지 못하면 군과 함께 기동할 수 없다. 지역의 첩자를 쓰지 않으면 지형의 이득을 얻지 못한다. 그러므로 군대는 기만에 의하여 성립되고, 이익에 의하여 움직이고, 분산과 집합으로 변화한다.

그러므로 군대는 빠르게 움직일 때는 바람과 같고, 서서히 갈 때는 숲과 같고, 불과 같이 공격적이고, 산과 같이 움직이지 않는다. 어둠처럼 알기 어렵고, 움직임은 천둥이 울리는 것과 같아야 한다. 마을에서 빼앗아 군대에 나누어 주고, 땅을 확장하여 이득을 나누어라. 평가를 한 후 행동하라. 우회의 도를 먼저 아는 자가 승리한다. 이것이 군쟁의 법칙이다.

3. 군사의 고대 책에서는 말이 들리지 않아 징과 북을 만들었고, 보이지 않기 때문에 깃발을 만들었다고 한다. 징과 북, 깃발은 귀와 눈을 집중하고 하나로 하기 위하여 사용된다. 일단 하나가 되면 용감한 자도 홀로 나갈 수 없고, 겁쟁이도 홀로 물러설 수 없다. 이것이 집단을 운용하는 법칙이다. 그러므로 적의 귀와 군을 현혹시키기 위하여 야간전투에서는 많은 횃불과 북을 사용하고, 주간전투에서는 깃발을 사용한다.

그러므로 적군의 사기와 적장의 마음도 빼앗아야 한다. 아침에는 사기가 충천하지만 낮에는 떨어지고 저녁에는 약해진다. 그러므로 용병에 능한 자는 아침은 피하고 낮과 저녁에 공격한다. 이것이 기를 다스리는 자이다. 정돈된 것으로 혼란을 다스리고, 고요함으로 소란스러운 것을 다스리는 것이 마음을 다스리는 것이다. 위치를 지키면서 멀리 있는 적을 기다리고, 편안하게 약한 적을 기다리고, 배부른 상태에서 굶주리는 적을 기다리는 것은 힘을 다스리는 것이다. 정연한 대형을 갖춘 적과 대치하는 것을 피하고, 커다란 대형을 갖춘 적을 공격하지 않는 것은 변화를 다스리는 것이다.

4. 전투하는 방법은 높은 언덕을 마주하지 말고, 언덕을 등지고 있는 적과 교전하지 말고, 거짓으로 도망가는 적을 쫓아가지 말고, 날카로운 군대를 공격하지 말고, 던진 미끼를 물지 말고, 집으로 돌아가는 군대를 막지 말고, 포위된 군대에는 길을 열어주고, 필사적인 적은 압박하지 말라. 이것이 용병의 방법이다.

♜ 핵심구절

1. 둘러가는 길이 곧 바로 가는 길이고, 걱정거리가 이익이 된다.
   以于爲直 以患爲利(이우위직 이환위리)

2. 군쟁에서 이익을 중시하면 위험해진다.
   軍爭爲利 軍爭爲危(군쟁위리 군쟁위위)

3. 점령지에서 챙긴 게 있으면 병사들에게 나누어줘야 한다.
   掠鄕分衆(약향분중)

4. 풍(風), 림(林), 화(火), 산(山), 음(陰), 뢰(雷)
   바람처럼 빠르고 - 기질여풍(其疾如風)
   숲처럼 조용하며 - 기서여림(其徐如林)
   불처럼 쳐들어가고 - 침략여화(侵掠如火)
   산처럼 꿈쩍 않으며 - 부동여산(不動如山)
   그림자처럼 알 수 없고 - 난지여음(難知如陰)
   번개같이 움직인다 - 동여뢰정(動如雷霆)

6. 기(氣), 심(心), 력(力), 변(變)
   기가 살아있을 때는 피하고, 적의 동요를 노리고, 적을 지치게 하고, 질서정연한 적과 싸우지 말라.

7. 돌아서는 군사를 막아서지 말라.
   귀사물알(歸師勿遏)

8. 포위 공격할 때는 반드시 구멍을 만들어 놔라.
   圍師必闕(위사필궐)

9. 궁지에 몰린 적에게 덤비지 말라.
   窮寇勿拍(궁구물박)

♜ 핵심사례

6.25전쟁 당시 UN군의 제 2, 3의 길은 무엇이었는가?

* 인천, 원산 상륙작전

♜ 핵심교훈

"근심걱정을 이익으로 삼는다."

"상황변화에 대담하게 대처 한다"

♜ 핵심메시지

역사학자 윌리엄슨 머레이(Williamson Murray)는 "전략이란 우연과 불확실성, 애매함으로 가득 찬 세상에서 끊임없이 상황이나 환경에 적응하고자 하는 프로세스이다."라고 정의하였다. 이처럼 싸움에서는 변화하는 상황에 적합하게 대처하는 것이 필요하다. 전쟁을 하다보면 거친 곳, 교통요지, 불모지, 막힌 곳, 죽게 된 곳을 만나게 된다. 이에 따른 대처법은 달라야 한다. 또한 길·군대·성·땅도 마찬가지이다. 심지어 통수권자의 명령도 받지 말아야 할 것이 있다. 이는 모두 장수의 몫이며 운명이다. 그래서 "맥아더는 죽음을 두려워하는 삶을 살 가치가 없다."고 강조했다.

싸우려면 유리한 조건과 불리한 조건을 모두 직시해야 한다. 반면 적에게는 한쪽만 보이도록 해야 한다. 그래야만 나의 의도대로 적을 끌어들일 수 있기 때문이다. 그래서 장수는 지혜·신의·용기·인애·엄격함을 갖추고 나의 힘을 극대화하고 적의 힘을 약화시켜야 한다. 다만 지나치게 죽자고 덤비거나 사는데 연연하거나 분노를 참지 못하거나 명예에 집착하거나 백성을 사랑하는 것을 조심해야 한다. 과유

3) 여기에서 九(9)는 수의 개념이 아니라 무한의 뜻을 갖는다.

불급(過猶不及)은 허투루 하는 말이 아니다.

♜ 핵심사상

1. 융통성(9變之利): 5가지(비지, 구지, 절지, 위지, 사지),
   4가지(길, 군대, 성, 땅)
   *임금의 명령도 받지 말아야 할 명령이 있다.
2. 사고의 양면성(이, 해): 적에게는 일면만 보여준다.
3. 유비무환: 임진왜란, 병자호란, 6.25전쟁, 북 핵미사일
4. 지휘관이 피해야 할 5가지(필사, 필생, 분속, 염결, 애민)
   *지나침은 아니함만 못하다.

구변은 상황변화에 따른 용병을 의미하는 것으로 임기응변, 유·불리 공존, 지휘관의 5가지 위험요소가 핵심사상이다.

첫째, 지휘관은 비(圮)·구(衢)·절(絕)·위(圍)·사(死)지라는 지형의 특성과 여건에 따라 용병술을 달리해야 한다. 아울러 길이라도 가서는 안 되는 길이 있고, 적이라도 공격해서는 안 되는 적이 있으며, 성이라도 공격해서는 안 되는 성이 있고, 땅이라도 다투지 말아야 할 땅이 있으며, 임금의 명령이라도 복종하지 말아야 할 명령이 있다. 이렇듯 상황변화에 따른 이익에 능통하여야 한다.

둘째, 지휘관은 어떠한 일을 도모함에 있어 반드시 유리한 상황과 불리한 상황을 함께 고려해야 한다. 용병에 있어서는 적이 침입해 오지 않을 것을 믿지 말고, 적군에 대비하는 만반의 태세를 갖춤을 믿어야 한다.

셋째, 지휘관이 피해야 할 5가지 위험이 있다. 즉, 지휘관이 반드시 죽겠다고 하면 죽고, 살겠다고 하면 포로가 되고, 화를 잘 내면 적의

계략에 치욕을 당할 수 있고, 너무 청렴결백하면 오히려 모욕을 당할 수 있고, 부하들을 너무 사랑하면 번민에 빠져 전의를 상실할 수 있으니 이를 피해야 한다.

♜ 손자병법 본문

1. 용병의 일반적인 규칙은 군사지도자는 국가지도자의 명을 받아 군사를 모은다. 행군이 어려운 지형에서는 숙영을 해서는 안 된다. 경계 지역에서는 외교관계가 확립되어야 한다. 척박하고 고립된 지역에서 머물러서는 안 된다. 포위된 지역에서는 계략으로 벗어난다. 진퇴가 어려운 사지에서는 싸운다.

   길도 가지 말아야 할 길이 있고, 군대도 공격하지 말아야 할 군대가 있으며, 성도 공격하지 말아야 할 성이 있고, 땅도 다투지 말아야 할 땅이 있고, 국가지도자의 명령도 따르지 말아야 할 것이 있다. 땅을 이용할 수 있는 모든 가능한 변화를 아는 장수는 군대 운용하는 방법을 안다. 만약 장수가 유리하게 변화시키는 방법을 알지 못한다면, 그들이 땅의 형세를 알고 있을지라도 지형의 이익을 얻지 못한다. 만약 완벽한 변화 술을 알지 못하고, 군대를 다스리더라도 무엇을 얻을 것인지를 알지 못한다면 부하들에게 그 것을 위하여 일을 하게 할 수 없다.

2. 지혜로운 자의 생각에는 항상 이익과 손해가 섞여있다. 그들이 이익을 생각할 때 일이 발전할 수 있고, 그들이 손해를 생각할 때 문제가 해결될 수 있다. 그러므로 경쟁자(제후)들을 굴복시킬 때는 손해로서 하고, 다스림에 있어서는 일로서 하고, 동기를 부여할 때는 이익으로 한다. 그래서 용병의 규칙은 적이 오지 않기를 바라지 않고, 다룰 수 있는 방법을 믿으며, 적이 공격해 오지 않기를 바라지 않고 적이 공격할 수 없는 것을 믿는다.

3. 장군에게는 위험한 5가지가 있다. 죽고자 하는 자는 죽을 수 있고, 살고자 하는 자는 포로가 될 수 있으며, 쉽게 성내는 자는 치욕을 당할 수 있고, 청렴한 자는 모욕을 당할 수 있으며, 부하를 사랑하는 자는 괴로움을 당할 수 있다. 이 5가지는 장군의 잘못이고 용병에 있어 재앙이다.

♜ 핵심구절

1. 비(圮), 구(衢), 절(絕), 위(圍), 사(死)
2. 길에는 가지 말아야 할 길이 있고
   道有所不由(도유소불유)

   군대도 치지 말아야 하는 군대가 있고
   軍有所不擊(군유소불격)

   성에도 공격하지 말아야 하는 성이 있고
   城由所不攻(공유소불공)

   땅에도 싸움을 피해야 하는 땅이 있고
   地有所不爭(지유소부쟁)

   명령에도 받지 말아야 하는 명령이 있다.
   軍命有所不受(군명유소불수)
3. 유리한 조건과 불리한 조건을 모두 고려한다.
   必雜於利害(필잡어이해)
4. 불리한 조건을 보여주면 적을 굴복시킬 수 있다.
   屈諸侯者以害(굴제후자이해)

5. 유리한 조건을 보여주면 적을 유인할 수 있다.
   趨諸侯者以利(추제후자이리)

6. 적이 오지 않을 것을 믿지 말고 준비를 끝내고 기다리는 나를 믿는다.
   無恃其不來 恃吾由以待也(무시기불래 시오유이대야)

7. 죽자고 덤비면 죽는다.
   必死可殺也(필사가살야)

   사는데 연연하면 사로잡힌다.
   必生可虜也(필생가로야)

   성질이 급하면 함정에 빠진다.
   忿速可侮也(분속가모야)

   청렴결백하면 모욕을 받는다.
   廉潔 可辱也(염결가요야)

   백성을 사랑한다면 번민한다.
   愛民 可煩也(애민가번야)

♜ 핵심사례

6.25전쟁 당시 장진호전투에서 미 1해병사령관 스미스 장군은 "후방으로 공격한다."면서 위기상황에 대처

♜ 핵심교훈

"솔직 이상의 답변은 없다."

"사소한 사항도 간과해서는 안 된다"

♜ 핵심메시지

모든 일에는 징조가 있다. 갑자기 하늘에서 떨어지는 일도 땅에서 솟아나는 일도 없다. 작은 봉우리가 모여 산맥이 되고, 강이 모여 바다를 이루고, 구름이 모여 비를 만들듯 만사는 작은 일부터 시작된다. 그래서 작은 일을 놓치면 큰코다친다는 말이 있다. 인간관계에서도 관혼상제와 같은 큰 일 뿐 아니라 생일이나 자녀입학과 같은 작은 일도 관심을 가지고 축하해주는 관습이 생겨났다.

때로는 "숲을 보고 나무를 보아야 한다." "나무를 보고 숲을 보아야 한다." 옥신각신한다. 이는 숲은 보면 나무를 놓치기 쉽고, 나무를 보면 숲을 놓치기 쉽다는 것을 뜻한다. 어떻든 객관화된 눈을 가지고 사물을 보아야 한다. 그러려면 때로는 한 발짝 떨어져서 봐야 하고 때로는 한 발짝 다가가서 보아야 한다. 멀리서 볼 일이 있고 자세히 볼 일이 있기 때문이다. 나의 일은 한 발짝 멀리서 보고 남의 일은 한 발짝 다가가서 보는 것이 정답이다. 이것이 나를 객관화하고 남을 정확히 볼 수 있기 때문이다.

특히 싸움에서는 적의 사소한 행동이나 자연·동물의 미세한 움직임도 놓치지 않는 것이 중요하다. 이를 놓치면 치명타를 당할 수 있기 때문이다.

♜ 핵심사상

1. 행군원칙(산, 강, 늪, 평지),
   숙영원칙(높은 곳, 햇볕, 물/풀)
   피해야 할 6곳: 험준한 계곡(절간),
   분지(천정),
   감옥(천뢰),
   풀/나무(천라),
   늪지(천함),골짜기(천극)
2. 적정관찰법(33개)
   적 동향(적/사자/병사), 자연 징후(나무, 새, 동물, 먼지), 상벌과다
3. 병력수의 한계
4. 상하 심리적 유대: 믿음/처벌, 명령(덕, 합리)/통제(엄격), 명령(법) 일관성

행군은 부대의 기동을 의미하나 여기에서는 상이한 지형에서의 기동, 적정관찰법, 병력수의 한계 그리고 리더십에 관한 사항을 핵심으로 다루고 있다.

첫째, 산·강·습지·평지라는 4개의 상이한 지역에서의 행군 및 작전을 수행함에 있어 필요한 기본원칙을 제시하고 아울러 좁은 골짜기, 분지, 험난한 산속, 초목이 무성한곳, 함정, 좁고 험한 곳에 대한 대비책을 논하였다.

둘째, 전장에서 나타날 수 있는 33개의 적정상황을 설정하여 능동적으로 이를 분석하여 대처할 수 있는 방법에 대하여 소개하였다. 즉, 적의 움직임, 지형의 상황, 사자의 태도, 상대 병사의 상태를 관찰하는 방법을 제시하고 있다.

셋째, 병사의 숫자만으로는 전쟁에서 이길 수 없다. 수적으로 많은 병사들만 믿고 아무 고심 없이 적을 얕보는 자는 오히려 포로가 되기 쉽다는 것이다.

넷째, 군사지도자의 리더십에 대하여 지휘하고 명령을 내릴 때는 덕(Cultural Art)으로 하고, 부하를 통제할 때는 엄격(Martial Art)하게 하여야 함을 강조하고 있다. 예를 들면 부하들에게 명령하고 지휘할 때는 덕과 예절로써 하고, 부하들을 통제할 때에는 법과 군율로써 엄정하게 행해야 한다.

♜ 손자병법 본문

1. 적을 관측하기 위하여 군이 자리를 잡을 때 산을 가로지르고 계곡 옆에 머물러라. 햇볕을 보고 높은 곳에 머물러라. 언덕에서 싸울 때는 올라가서는 안 된다. 이것이 산에서 행군하는 법이다. 물을 건널 때는 물로부터 항상 떨어져 머물러라. 물속에서 적을 접촉하지 마라. 적이 반쯤 건너게 하고 공격하면 유리하다. 싸우기를 원할 때 물 가까이서 적을 마주하지 말라. 햇볕을 보고 높은 곳에 머물러라. 물의 흐름과 마주하지 말라. 이것이 물에서 행군하는 법이다.

   늪지대를 통과 시에는 즉시 가라. 아주 신속히 이동하고 지체하지 말라. 늪 가운데에서 적을 만나면 나무를 등지고 수초 옆에 머물러라.

이것이 늪에서 군을 운용하는 것이다. 평지에서는 기동하기 쉬운 곳에 진을 치고, 전방은 낮은 곳에 후방은 높은 곳에 오른쪽 뒤가 높은 곳을 확보하라. 이것이 평지에 적용하는 법이다.

이 4가지 방법의 이점을 이용하여 황제는 네 임금을 이겼다.

2. 일반적으로 군대는 높은 곳을 좋아하고, 낮은 곳을 싫어하며, 빛을 귀하게 여기고, 어둠을 천하게 여긴다. 육체적 건강을 돌보고, 자원이 많은 곳에 머물러라. 군대에 병이 없으면 무적이라고 말한다.

   언덕이나 제방에서는 양지쪽에 진을 치되 오른쪽으로 등지도록 해야 한다. 이것이 전투에 유리하고 지형의 도움을 얻는 것이다. 상류에서 비가내리면 물거품이 생기니 물을 건너려면 그것이 해소되기를 기다려라.

   지형이 험준한 계곡, 분지, 감옥 같은 곳, 행동하기 어려운 곳, 통행이 어려운 곳, 좁은 골짜기 일 때는 빨리 통과하여 가까이 있지 말아야 한다. 아군은 이를 멀리하고 적군은 가까이 가도록 만든다. 아군은 이러한 곳을 마주하고 적군은 등지도록 만든다.

   군이 행군을 할 때 많은 강과 연못이 있는 언덕 또는 갈대가 우거진 웅덩이, 풀과 나무가 우거진 산림이 있다면 반드시 주위 깊게 철저히 살펴야 한다. 이런 곳에 복병이나 정탐꾼이 숨어있을 수 있는 곳이기 때문이다.

3. 적이 가까이 있어도 조용하면 자연적인 요새에서 쉬고 있는 것이다. 적이 멀리 있으면서도 적의를 불러일으키는 것은 아군을 끌려내려는 것이다. 그의 진지가 공격받기 쉬운 곳에 있는 것은 그에게 이점이 있기 때문이다.

   나무들이 움직이는 것은 적이 오고 있다는 것이고, 풀밭에 많은 장애

물이 있는 것은 잘못된 방향을 가리키는 것이며, 새가 날아오르는 것은 매복병이 있다는 것이다. 짐승들이 놀라는 것은 공격하려는 자가 있는 것이고, 먼지가 높고 날카롭게 일어나는 것은 전차가 오는 것이며, 먼지가 낮고 넓게 깔리는 것은 적 보병이 오고 있는 것이고, 흐트러진 연기의 줄기는 적이 땔나무를 하는 것이며, 먼지가 적고 희미하게 왕래하며 피어오르는 것은 적이 진을 치고 있다는 것이다.

말이 겸손하면서도 전쟁준비를 강화한다면 진격을 준비하는 것이다. 말은 강경하면서도 공세적으로 진격하려고 한다면 후퇴하려고 하는 것이다. 전차가 배치되어 양쪽에 위치하고 있는 것은 진을 치려는 것이다. 아무런 약속 없이 화의를 청하러 오는 것은 음모가 있는 것이다. 분주하게 무장된 전차를 배치하는 것은 전력증강을 기대하는 것이고, 반쯤 전진하다가 반쯤 후퇴하는 것은 아군을 유인하는 것이다. 적들이 지팡이를 짚고 다니는 것은 굶고 있다는 것이다. 물을 기르러 온 적군이 먼저 물을 마시는 것은 식수가 떨어졌다는 것이다. 유리함을 알고도 이를 이용하지 않는 것은 지쳐있다는 것이다.

새가 모여드는 것은 적진이 비어있다는 것이다. 밤에 병사들이 서로 소리쳐 부르는 것은 겁을 먹고 있기 때문이고, 적진이 소란스러운 것은 지휘관의 위엄이 부족하다는 것이다. 적의 기가 이리저리 움직이는 것은 혼란스럽다는 것이다. 적의 사신들이 화를 내는 것은 피곤하다는 것이다. 적이 말을 죽여 고기를 먹는 것은 식량이 없다는 것이고, 적의 솥이 없음에도 막사로 돌아가지 않는 것은 필사적으로 싸우려는 것이다.

적병들이 소곤소곤하고 의무에 소홀하고 지휘관이 장황하게 말하는 것은 충성심을 잃었다는 것이다. 상을 자주 주는 것은 딱하다는 뜻이고, 벌을 자주 주는 것은 지쳤다는 것이다. 처음에 부하들을 엄격하게 다루다가 부하를 두려워하여 접는 것은 기량부족의 본보기이다. 화해의 제스처로 오는 적은 휴식을 원하는 것이다. 양군이 노기를 띠고 맞선 상태에서 약속을 지연하고 떠나지 않을 때는 적을 주의 깊게 반드시 살펴야 한다.

4. 군대에서 병사의 수가 많다고 반드시 좋은 것은 아니고 오히려 무모한 진격을 피하고, 전력을 통합하고 적을 평가하여 승리할 만큼이면 충분하다. 전략 없이 적을 가볍게 여기는 자는 오히려 포로가 되기 쉽다.

5. 병사가 리더십에 대한 개인적인 믿음이 생기기전에 처벌하면 복종하지 않고, 복종하지 않으면 부리기가 어렵다. 개인적인 믿음이 생긴 후에도 처벌하지 않으면 그들을 부릴 수 없다.

그러므로 덕으로 부하들에게 명령하고 통합할 때는 군율로 한다. 이것이 확실한 승리를 의미한다. 명령이 일관되게 이행되고 국민들을 교육하면 국민들은 이를 받아들인다. 그러나 명령이 일관되지 않은 채 국민들을 교육하면 국민들은 받아들이지 않는다. 평소 명령이 일관되게 이행되면 국가지도자와 국민이 상호 만족스럽게 된다.

♜ 핵심구절

1. 말은 공손하게 하면서도 전투태세를 강화한다면 공격이 임박했다는 뜻이다.
   辭卑而益備者 進也 辭强而進驅者 退也(사비이익비자 진야사강이진구자 퇴야)

2. 무기를 지팡이 삼아 집고 서 있다면 제대로 못 먹고 있다는 반증이다.
   倚仗而立者 饑也(의장이립자 기야)

3. 군대가 시끄러우면 장수가 위엄이 없다는 신호이다.
   軍擾者 將不重也(군요자 장부중야)

4. 적이 정중하게 사과할 때는 쉬고 싶다는 뜻이다.
   來委謝者 欲休息夜(래위사자 욕휴식야)

5. 장수가 자상하고 다정하게 반복해서 말하는 건 부하들의 마음을 잃었다는 뜻이다.
   淳淳翕翕徐言入人者 失衆也(순순흡흡서언입인자 실중야)

6. 상을 남발하는 것 사정이 급해졌다는 뜻이고, 벌을 남발하는 건 상황이 딱하다는 뜻이다.
   屢賞者 窘也 數罰者 困也(누상자 군야 수벌자 곤야)

7. 폭악한 행동을 하고 나서 부하들의 눈치를 보는 건 군사들의 동요가 갈 데까지 갔다는 뜻이다.
   先暴而後畏其衆者 不精之至也(선폭이후외기중자 불정지지야)

8. 이치에 맞게 명령을 내리고 제대로 지켜지는지 엄하게 살펴야 영이 바로 선다.
   令之以文 齊之以武 是謂必取(영지이문 제지이무 시위필취)

♜ 핵심사례

* 임진왜란 당시 통신사 황윤길, 김성일보고에 대한 판단
* 6.25전쟁 당시 중공군 출현에 대한 맥아더의 판단

♜ 핵심교훈

"작은 일이 모여 큰일을 이룬다."

"전쟁에서 지형의 활용이 절대적이다"

♜ 핵심메시지

싸움에는 나와 적뿐 아니라 외부상황이라는 변수가 있다. 싸울 시간은 언제인지, 장소는 어디인지, 지형과 기상은 어떠한지 등 세세히 살피고 준비하여야 한다. 러시아와 소련을 공격했던 나폴레옹도 히틀러도 이를 간과했기 때문에 패배해야 했고 죽어야 했다. 반면 손권과 유비는 적벽대전에서 주변변수를 확실히 장악했기에 5만의 병력으로 20만의 조조의 대군을 물리칠 수 있었다.

싸움은 외부변수가 유리했을 때 싸워야 하고 불리하다면 유리할 때까지 기다리거나 만들어야 한다. 북서풍이 불면 남동풍이 불 때까지 기다리고 적이 산속에 있으면 밖으로 끌어내야 한다. 남동풍이 불 때 싸우거나 산속으로 들어가 싸우면 패배할 수밖에 없다.

그래서 나 자신을 확신하고, 적을 분명히 파악하고, 외부변수를 확실히 장악했을 때 비로써 싸움에 나서야 한다. 일단 싸움에 나서면 거침없이 몰아부쳐야 한다. 설령 왕이라도 개의치 말아야 한다. 그러나 이 모든 것은 장수의 책임이다. 집중된 적을 상대하거나, 병사가 약하거나, 장교가 약하거나, 장수의 명령이 불분명하고 엄하지 않거나, 많은 적을 상대하거나 하는 잘못도 모두 장수의 책임이다.

♜ 핵심사상

1. 지형에 따른 작전원칙: 통, 괘, 지, 애, 험, 원 형
2. 패배요인(6): 주, 이, 함, 붕, 난, 배 병
3. 독단행동: 개인명예/책임회피-국가안위/국민생명
4. 리더십: 부하사랑과 임무수행(인과 엄, 과유불급)
5. 상황: 적/아군 만 아는 것, 적/아군은 아나 지형을 모르는 것(승리 50%)

* 적을 알고 나를 알면 승리는 위태로움이 없고 기상과 지형까지 알면 승리는 온전하다.

지형 편에서는 지형에 따른 작전원칙, 6가지 패배요인, 독단행동, 리더십, 상황의 중요성 등 5가지 핵심사상을 담고 있다.

첫째, 피아모두 통행하기 용이한 통형, 수렁 등 들어가기는 쉽지만 나오기는 어려운 계형, 갈림길 샛길인 지형, 양쪽 낭떠러지인 애형, 산악지대인 험형, 멀고 넓은 원형에 대한 작전원칙을 다루고 있다.

둘째, 숫자가 많은 적을 공격하는 주병, 장교는 약하나 병사가 우수한 이병, 장교는 강하나 병사가 약한 함병, 예하지휘관이 제멋대로 싸워 혼란스러운 붕병, 지휘관의 의지가 약하고 방침이 불명확한 난병, 적에 대한 상황판단을 못하는 배병이라는 지휘관의 잘못으로 인한 6가지 패배요인을 다루고 있다.

셋째, 지휘관 독단행동에 대한 마음가짐으로 개인의 명예나 책임회피가 아니라 오로지 국민의 생명과 국가의 안위에 따라 판단할 것을

강조하고 있다.

넷째, 리더십에 관한 사항으로 부하를 사랑하면 죽음까지 함께 하나, 사랑이 지나치면 버릇없는 자식처럼 쓸모가 없다는 점을 지적하고 있다.

다섯째, 적을 알고 나를 알면 백 번 싸워도 위태롭지 않으나 기상과 지형까지 알면 승리가 온전함을 말하고 있다.

♜ 손자병법 본문

1. 지형에는 통형, 괘형, 지형, 애험, 험형, 원형이 있다.[4)]

양쪽 모두 오고갈 수 있을 때 통형이라고 한다. 통형에서는 높고 해가 있는 곳을 선택하여 먼저 진지를 점령하고 보급로를 확보하여야 싸우는데 유리하다.

갈 수는 있으나 돌아오기 어려울 때 괘형이라고 한다. 이러한 지형에서는 적이 준비하지 않을 때 앞으로 나가면 승리한다. 그러나 적이 준비할 때 앞으로 나가면 승리하지 못한다. 돌아오기도 어려워 불리하다. 아군과 적군이 나아가는데 불리할 때 지형이라고 한다. 지형에서는 적이 이익으로 유인하여도 나가지 말고 철수하여 적이 반쯤 나왔을 때 공격하면 유리하다.

애형에서는 먼저 도착하면 먼저 점령하고 적을 기다려야 한다. 만약 적이 먼저 도착하여 애로를 먼저 장악하면 추격하지 마라. 만약 적이 애로를 장악하지 않으면 추격하라.

---

4) 통형(通形), 괘형(掛形), 지형(支形), 애형(隘形), 험형(險形), 원형(遠形)

험형에서는 먼저 도착하면 높고 해가 있는 곳을 점령하여 적을 기다려야 한다. 만약 적이 먼저 도착하면 철수하고 추적하지마라. 원형에서는 세력이 비슷하면 싸움을 걸기 어렵고 싸워도 불리하다.

이 6가지 지형을 이해하는 것이 장수의 높은 책임이고, 그것을 세밀히 살펴야 한다.

2. 군대에는 달아나는 자, 해이한 자, 결함이 있는 자, 무너지는 자, 혼란한 자, 패배한 자가 있다. 이는 자연 재해가 아니라 지휘관의 잘못이다.

전력이 비슷한 상황에서 하나로 열을 공격하면 달아나는 군대이다. 장교는 강하나 병사들이 약하면 해이한 군대이다. 병사들은 강하나 장교들이 약하면 결함이 있는 군대이다. 예하지휘관이 불만을 품고 복종하지 않고 적과 전투할 때 제멋대로 싸우고 지휘관이 예하지휘관의 능력을 알지 못하면 무너지는 군대이다. 지휘관이 약하고 권위가 없고 지시가 명확하지 않고 장교와 병사들 사이에 규칙이 없고 싸움에서 진을 칠 때도 제멋대로인 것은 혼란스런 군대이다. 지휘관이 적군을 헤아리지 못하고, 적은 병력으로 많은 적군과 맞붙어 싸우고, 자신 군대의 숙달 수준을 구분하지 못하는 군대를 패배하는 군대라 한다.

이 6가지는 패배하는 방법들이다. 이것을 이해하는 것은 궁극적으로 지휘관의 책임이므로 반드시 살펴야 한다.

3. 지형은 군대를 도와주는 것이고 적군의 정세를 헤아려 승리를 이끌고 위험과 거리를 헤아리는 것은 지휘관의 도리이다. 이를 알고 싸우는 자는 승리하고, 이를 모르고 싸우는 자는 패배할 것이다.

그러므로 전쟁의 법칙이 확실한 승리를 말하면 국가지도자가 싸우지 말라고 하더라도 싸우는 것이 옳다.

전쟁의 법칙이 승리를 말하지 않으면 싸우지 않는 것이 바람직하다. 명예를 구하지 않고 전진하고, 비난을 회피하지 않고 물러나며, 오로지 국민을 보호하고 국가지도자에게 이롭게 하고 국가에 헌신해야 한다.

병사들을 어린아이 보듯 돌보면 깊은 골짜기도 기꺼이 함께 들어가고, 사랑하는 아들처럼 아끼면 그들은 기꺼이 함께 죽을 것이다.

그러나 너무 잘하면 병사들을 부릴 수 없고, 너무 친절하면 명령을 할 수 없고, 너무 허물없이 대하면 질서를 확립할 수 없어 그들은 버릇없는 아들과 같아 쓸모없게 된다.

4. 적을 공격할 수 있는 능력을 알면서도, 적이 공격하기에 취약하지 않은지를 알지 못하면 승리는 반반이다. 적이 공격하기에 취약한지를 알고 있으나 아군이 공격할 수 없는 능력을 알지 못한다면 승리는 반반이다. 적이 공격하기에 취약한지를 알고, 아군이 공격할 수 있다는 것도 알고 있으나 지형적으로 싸우기에 적절하지 않음을 모르면 승리는 반반이다.

그러므로 용병을 아는 자는 군대를 움직일 때 우왕좌왕하지 않고 군대 일으키더라도 궁지에 몰리지 않는다. 적을 알고 나를 알면 승리는 위태롭지 않고 기상과 지형을 알면 승리는 완전하다고 말할 수 있다.

♜ 핵심구절

1. 통형(通形), 괘형(挂形), 지형(支形), 애형(隘形), 험형(險形), 원형(遠形)

2. 주병(走兵), 이병(弛兵), 함병(陷兵), 붕병(崩兵), 난병(亂兵), 배병(北兵)

3. 절대 이기는 싸움은 임금이 싸우지 말라고 해고 싸워 이긴다.
戰道必勝 主日無戰 必戰可也(전도필승 주왈무전 필전가야)

4. 반드시 지는 싸움은 임금이 싸우라고 해도 싸우면 안 된다.
戰道不勝 主日必戰 無戰可也(전도불승 주왈필전 무전가야)

5. 자기 이름 떨치자고 공격하지 않는다.
進不求名(진불구명)

6. 벌 받기 무서워서 물러서지 않는다.
退不避罪(퇴불피죄)

7. 적을 알고 나를 알면 승리는 확실하다.
知彼知己 勝乃不殆(지피지기 승내불태)

기후와 지형까지 안다면 승리는 완벽하다.
知天知地 勝乃可全(지천지지 승내가전)

8. 일단 움직이면 망설이지 않는다.
動而不迷 擧而不窮(동이불미 거이불궁)

♜ **핵심사례**

* 임진왜란·정유재란 당시 이순신의 지형활용(한산도, 명량)
* 6.25당시 지형(산, 강)활용

♜ **핵심교훈**

"리더십은 책임이다."

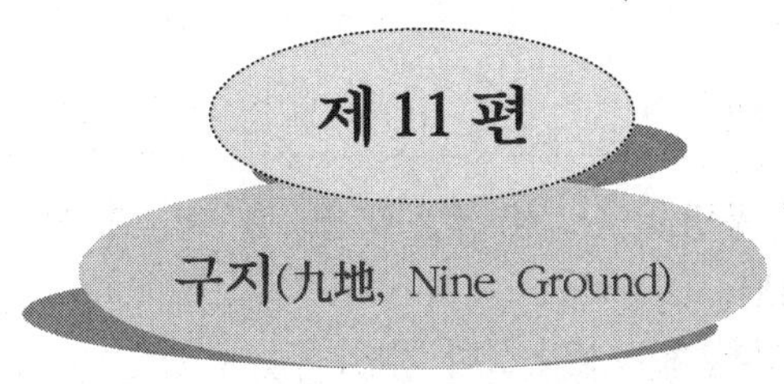

"위기에서도 죽기를 각오하면 산다."

♜ 핵심메시지

사람을 움직이는 것은 리더십과 강제력 2가지가 있다. 리더십은 사람의 마음을 움직이는 것이다. 강제력은 하지 않으면 안 되도록 하는 것이다. 사람의 마음을 움직인다는 것은 쉽지 않다. 시간이 필요하고 여유가 있어야 한다. 싸움터에서는 시간과 여유가 없는 경우가 대부분이다. 그러기에 마음을 다잡도록 하는 것이 필요하다.

우리가 접하는 상황은 수시로 변한다. 유리한 상황도 있고, 불리한 상황도 있으며, 때로는 극단적인 상황도 있다. 유리한 상황에서는 누구나 여유롭고 느긋하다. 불리한 상황이 되면 초조하고 마음이 급하다. 그러나 극단적인 상황이 되면 이판사판 죽기를 각오한다. 죽기를 각오하면 못할 일이 없다. 따라서 불리한 상황이 되면 극단적으로 몰아갈 필요가 있다.

극단적으로 상황을 끌고 가려면 무엇보다 정보통제가 필요하다. 정확한 상황파악은 스스로의 판단을 이끌어낸다. 위기상황에서 개별적인 판단과 행동은 또 다른 위험을 초래한다. 정보통제는 상황을 규정하고 극단적으로 치닫는 상황은 마음을 다잡게 한다. 결국 사지로 모는 것이 반전의 기회가 될 수 있다.

♜ 핵심사상

1. 지리에 따른 용병술: 산, 경, 쟁, 교, 구, 중, 비, 위, 사, 지
2. 위기극복 방법
   - -집중/분산: 전후/대소/강약/상하 차단,
   - -급소, 의표: 적의 소중한 것부터, 예상치 못한 곳
   - -위기조성: 배수진 리더십(사지), 오월동주
     *상산의 뱀 솔연같이 만들 수 있다.
   - -약점노출: 처음에는 처녀처럼 나중에는 토끼처럼
   - -보안
3. 사람 다스리는 법: 명분, 이익, 위엄(우아, 무식)

구지 편에서는 9가지의 전략적 지리에 따른 용병법을 설명하고 있다. 앞서 지형편이 전술적 운용을 다루었다면 구지편은 전략적 지리에 관하여 논하고 있으며, 4가지 핵심사상을 다루고 있다.

첫째, 자국의 영토인 산지, 적국에 조금 들어선 경지, 서로 차지하고 싶어 하는 쟁지, 서로 진출할 수 있는 교지, 몇 나라가 인접한 구지, 적국 깊숙이 들어선 중지, 늪지 등 행군이 어려운 비지, 산으로 둘러싸인 위지, 매우 불리한 사지의 9가지 전략적 지리를 설명하고 이에 따른 용병술을 기술하고 있다. 여기에서 핵심은 유리한 지역을 반드시 먼저 점령하라는 것이다.

둘째, 유능한 지휘관은 전위와 후위, 대부대와 소부대, 강한 부대와 약한 부대, 상관과 부하를 지원내지는 협력하지 못하도록 한다. 또한 적이 가장 소중하게 생각하는 것을 먼저 빼앗고, 빠른 속도로 적이 예상치 못한 곳으로 신속히 기동하여 미처 방어하지 못한 곳을 공격한다.

셋째, 적을 공격하러 들어갈 때는 일부러 적진 깊숙이 들어가 공격하여 병사들을 극한 상황으로 몰아넣어 전력을 다하게 만드는 배수진의 리더십을 제시한다.

넷째, 유연하고 탄력적인 부대를 만들 것을 강조한다. 예를 들면 머리를 치면 꼬리가 달려들고, 꼬리를 치면 머리가 달려드는 솔연과 같은 부대를 말한다.

다섯째, 전투수행방법을 다룬다. 즉, 처음에는 처녀처럼 행동하여 적이 문을 열도록 만들고, 나중에는 달아나는 토끼처럼 재빠르게 공격하여 적에게 항거할 틈을 주지 말아야 한다.

♜ 손자병법 본문

1. 용병의 규칙에 따르면 9가지 지형이 있다. 제후가 자신의 영토에서 싸우는 경우 산지라 한다. 적국의 땅에 들어갔지만 깊이 들어가지 않는 경우 경지라 한다. 아군이 점령하면 아군에게 유리하고, 적군이 점령하면 적군에게 유리한 경우 쟁지라 한다.

   아군이나 적군이 오고 갈수 있는 지형을 교지라 한다. 경쟁국에 의해 세 나라에 인접해 있어 먼저 이곳에 이르면 모든 것을 얻을 수 있는 경우 구지라 한다. 적의 영토 깊숙이 들어가 많은 도시와 시가지를 지나는 경우 중지라 한다.

   삼림 숲, 가파른 길, 소택지 또는 행군하기 어려운 경우 비지라 한다. 들어가는 길은 좁고 나오는 길은 우회해야 하기 때문에 적은 병력의 적이 많은 병력의 아군을 공격할 수 있는 경우 위지라 한다. 신속하게 싸우면 살고 그렇지 않으면 멸망하는 경우 사지라 한다.

2. 그러므로 산지에서는 싸우지 말아야 하고, 경지에서는 주둔하지 말아야하며, 쟁지에서는 공격하지 말아야 하고, 교지에서는 연락을 유지해야 하며, 중지에서는 보급품을 현지 조달해야 하고, 비지에서는 신속히 빠져나와야 하며, 위지에서는 계략을 써서 벗어나야 하고, 사지에서는 필사적으로 싸워야 한다.

3. 예로부터 용병에 능한 자는 적군의 전후방이 서로 접촉하지 못하게 하고, 대부대와 소부대가 서로 의지하지 못하게 하며, 장교와 병사들의 복지에 상호 관심을 갖지 못하게 하고, 상하가 서로 협조 못하게 하며, 병사들을 집합하지 못하게 하고, 병사들이 정리되지 못하게 하였다. 또 전세가 유리하면 싸우고 불리하면 싸우지 않았다.

   만일 "많고 잘 조직된 적이 공격해 온다면 어떻게 대처해야 하는가?"라고 묻는다면 "적이 가장 소중하게 생각하는 것을 먼저 빼앗으면 적은 너의 말을 들을 것이다"라고 대답할 것이다. 군대의 조건은 필수적 요소가 속도이니 적이 저지른 실패를 이용하고, 적이 예상치 못한 길을 가며, 적이 경계하지 않은 곳을 공격하는 것이다.

4. 일반적으로 적국 침입패턴은 침입자가 적지에 깊숙이 들어갈수록 싸움에 전념하여 적군이 아군을 이길 수 없다. 풍요로운 들판에서 약탈하면 군대를 먹을 것이 충분하다. 병사들을 돌보고 스트레스를 피하면 사기는 높아지고, 전력은 축적된다. 병력을 움직이고 예측할 수 없도록 전략을 세워라.

   병사들을 갈 곳이 없는 곳으로 몰아넣어라, 그러면 죽어도 도망가지 못할 것이다. 만약 그들이 거기서 죽고자 한다면 그들이 무엇인들 할 수 없겠는가? 병사들은 커다란 위험에 빠질 때 그들은 두려워하지 않는다. 갈 곳이 없으면 단결하고, 적진 깊숙이 들어갈수록 투지가 생기고, 선택의 여지가 없으면 싸운다. 이런 이유로 그러한 군대는 훈련을 받지 않아도 스스로 경계하고, 요구하지 않아도 응하고 단속하지 않아도 친해지고, 명령하지 않아도 믿고 따른다.

미신을 금하고 의혹을 제거해 주면 병사들은 결코 떠나니 않을 것이다. 병사들이 재물에 욕심이 없는 것은 결코 재물을 싫어해서가 아니다. 그들이 살고자 하지 않는 것은 오래살기를 원하지 않는 것이 아니다. 행군명령이 떨어지면 병사들은 눈물을 흘린다.

5. 용병에 능한 자는 재빠른(솔연)과 같다. 머리를 치면 꼬리가 달려들고, 꼬리를 치면 머리가 달려들며, 가운데를 치면 머리와 꼬리가 함께 달려든다.

누가 군대를 솔연과 같이 부릴 수 있겠는가?라고 묻는다면 대답은 "그렇다"이다. 서로 싫어하는 사람조차도 같은 배에 타면 어려울 때 서로 돕는다. 그러므로 말들을 사각형으로 늘어놓고 수레바퀴를 땅에 묻는 방법은 믿을 것이 못된다. 용맹을 누그러뜨려 한결같게 만드는 것이 조직의 도이다. 강하고 부드러움으로 성공하는 것은 지형의 형태에 기초한다.

그러므로 용병에 능숙한 자는 집단의 협조를 이끌어내어 집단에 지시하는 것을 선택의 여지없이 마치 한 개인에 지시하는 것처럼 한다.

6. 지휘관의 일은 조용하고, 은밀하고, 공정하고, 그리고 질서가 있다. 병사들이 모르게 하고 어리석게 만든다. 지휘관은 행동을 바꾸고 계획을 변경한다. 그래서 사람들은 그것을 짐작하지 못한다. 그는 거처를 바꾸고 길을 우회하여 병사들이 예측할 수 없다.

지휘관이 군대를 데리고 목표를 탈취할 때는 높은 곳에 오른 다음 사다리를 치워버리는 것과 같이 한다. 병사들을 데리고 적국 영토에 깊숙이 들어갈 때 지휘관은 그들의 역량을 끌어낸다. 지휘관은 병사들을 보트에 태워, 솥을 파괴하게하고 양떼처럼 몰아쳐 어느 누구도 그들이 어디로 가는지 모르게 한다. 군대를 집결시켜 위험한 상황으로 몰아넣는 것이 지휘관이 해야 할 일이다. 다양한 지형에 대한 적응과 축소와 확대의 이점 그리고 병사들의 심리와 여건까지 살펴야 한다.

7. 무릇 침략자로서의 길은 적 영토에 깊숙이 들어가면 단결하고 깊이 들어가지 않으면 흩어지기 쉽다. 군사작전으로 자기 나라를 떠나 국경을 넘어들어 가는 곳을 절지라한다. 사방에서 접근할 수 있는 곳을 구지라 한다. 침입이 깊어지는 곳을 중지라 하고, 옅은 곳을 경지라 한다. 등 뒤에 통과할 수 없는 요새가 있고, 앞이 좁은 길이 있는 곳을 위지라 한다. 갈 곳이 없는 곳을 사지라고 한다.

그러므로 산지에서는 병사들의 마음을 단결시킨다. 경지에서는 긴밀하게 연락을 취한다. 쟁지에서는 병사들로 하여금 신속히 조치토록 한다. 교지에서는 수비를 견고히 한다. 구지에서는 동맹을 공고히 한다. 중지에서는 계속 보급을 보장한다. 비지에서는 앞으로 전진 하도록 한다. 위지에서는 퇴로를 막는다. 사지에서는 살아나갈 수 없음을 알린다. 본래 병사들의 심리는 포위되면 저항하고, 회피할 수 없으면 싸우고, 절체절명의 상황에서는 복종한다.

그러므로 경쟁자의 계략을 알지 못하면 동맹을 맺을 수 없다. 지형의 모양을 알지 못하면 군대를 이동시킬 수 없다. 지역의 안내인을 쓰지 않는다면 지형의 이점을 살릴 수 없다. 효율적인 통솔력을 갖춘 군대는 이러한 모든 것을 알아야 한다. 큰 나라를 공격하면 적국의 병력들이 모이지 못하게 하고, 적을 압도하여 동맹을 맺지 못하게 한다. 그러므로 굳이 천하의 외교를 다투지 않고, 천하의 권력을 기르지 않고, 개인의 영향력을 확장하여 적을 위협한다면 이것을 도시와 마을을 취약하게 만드는 것이다.

8. 규칙에 없는 상을 주고, 규정에 없는 명령을 내려라. 전군을 한 사람을 부리는 것과 같이 부려라. 실질적인 일로서 병사들을 부리고 말로서 부리지 말라. 이익으로 병사들을 움직이고 해로써 움직이지 말라. 병사들이 최후를 맞도록 해라. 그러면 그들은 생존할 것이다. 죽음의 상황에 빠뜨려라. 그러면 그들은 살아남을 것이다. 병사들이 위험한 상황에 빠지면 그들은 승리를 위하여 싸울 것이다. 그러므로 군사작전은 속임수로 적의 의도에 맞서는 것이다. 만일 전적으로 적에 집중한다면 천리 밖에서 적장을 죽일 수 있다. 이것이 능숙하게 일을 하는 것이다. 그러므로 전쟁이 선포되면 국경의 관문을 폐쇄하고, 통행증을 없애고, 사신을 통과할 수 없게 한다.

일은 수뇌부에서 엄격하게 다룬다. 적이 문을 열 때 먼저 그들이 원하는 것을 살펴 은밀하게 그것을 기약하라. 전쟁의 성과를 결정하기 위하여 훈련을 하고 적에게 적응하라. 처음에는 처녀와 같이 행동하고 그리고 적이 문을 열면 그때는 달아나는 토끼처럼 하라. 그러면 적은 피할 수 없다.

♛ 핵심구절

1. 산지(散地), 경지(輕地), 쟁지(爭地), 교지(交地), 구지(衢地), 중지(重地), 비지(圮地), 위지(圍地), 사지(死地)

2. 전쟁은 속도를 생명으로 한다.
   兵之情主速(병지정주속)

3. 적의 예상을 뛰어넘어 주의가 미치지 않는 허점을 공격한다.
   乘人之不及 由不遇之道 攻其所不戒也
   (승인지불급 유불우지도 공기소불계야)

4. 도망갈 곳이 없으면 죽지 않으려면 이기는 수밖에 없는 상황에 몰아넣는다.
   投之無所往死且不北(투지무소왕사차불배)

5. 죽음 앞에서는 못할 게 없다.
   死焉不得(사언부득)

6. 병사들은 포위되면 방어하고, 다른 수가 없으면 싸우고, 그 단계가 지나면 맹목적으로 따른다.
   故兵之情 圍則禦 不得已卽鬪 過則從
   (고병지정 위즉어 부득이즉투 과즉종)

7. 병사들에게 전투계획은 알려주지 않는다.
   運兵計謀 爲不可測(운병계모 위불가측)

8. 병사들이 멋대로 판단하면 안 된다.
   使人不得慮(사인부득려)

9. 미신과 의심이 없으면 죽음에 이르기까지 못 갈 곳이 없다.
   禁祥去疑 至死無所之(금상거의 지사무소지)

10. 적의 뜻에 따르는 척하면서 싸움을 한 방향으로 몰아간다.
    順詳敵之意 併敵一向(순상적지의 병적일향)

11. 시작은 처녀처럼 적의 문을 열고, 후에는 토끼처럼 적을 따돌린다.
    始如處女 敵人開戶(시여처여 적인개호)
    後如脫兎 敵不及拒(후여탈토 적불급거)

♜ 핵심사례: 죽기를 각오한 사례

- 6.25전쟁 당시 낙동강 방어선에서 미8군사령관워커 장군
- 6.25전쟁 당시 낙동강 방어선에서 1사단장 백선엽 장군
- 임진왜란·정유재란 당시 이순신 장군

♜ 핵심교훈

"백의종군은 지금도 유효하다."

제 12 편

화공(火攻, Fire Attack)

"비상시에는 특단의 대책을 강구 한다"

♜ 핵심메시지

불은 고대에 대량살상무기였다. 오늘날 핵·미사일·생화학과같이 참혹한 희생을 안겨주는 무기였다. 삼국지의 3대 대전인 관도·적벽·이릉대전 모두 화공 즉, 불의 공격으로 승리한 전쟁이다. 손자는 춘추시대의 참혹한 전쟁모습을 보면서 왜 전쟁을 일으키는가? 왜 인간은 싸우는가? 라는 근본적인 질문을 던졌다.

해답은 '급한 이익을 얻기 위해서'였다. 이익이 있어야 싸운다. 이익이 없다면 절대 싸워서는 안 된다. 그러나 이익도 급한 이익이어야 한다. 급한 이익이라도 이길 수 있을 때 싸워야 한다. 지는 싸움을 해서는 이익을 얻을 수 없다. 전쟁에서 죽은 사람은 살리지 못하고 망한 나라는 다시 세우지 못한다. 결국 싸워 이겨 급한 이익을 얻을 수 있을 때 전쟁을 하는 것이다.

손자는 결론적으로 웬만하면 싸우지 말고 사이좋게 지내라고 권한다. 싸워 이겨도 손해 볼 확률이 많기 때문이다. 프랑스 루이 16세는 미국을 도와 독립전쟁을 승리로 이끌었지만 결국 국가파산으로 세금을 걷으려고 3부 회의를 소집했다가 형장의 이슬로 사라졌다. 알렉산 더·나폴레옹·히틀러와 같이 전쟁을 좋아하면 전쟁으로 망할 수밖에 없다.

♜ 핵심사상

1. 화공대상: 사람, 군수품, 수송부대, 창고, 부대
2. 화공조건: 도구, 시기, 시간
3. 화공방법: 내부(호응), 대기, 외부(공격), 바람, 바람(낮, 밤)
4. 화공과 수공의 차이점: 면밀과 강대
5. 전후처리(논공행상)
6. 전쟁목적과 신중론: 명확한 목적, 이해득실, 급한 전쟁

*이익이 되지 않으면 움직이지 않고 득이 되지 않으면 쓰지를 말고 위험하지 않으면 전쟁을 하지 않는다.

화공이란 불로 적을 공격하는 것으로 창·칼 위주의 고대전쟁에서는 매우 중요한 특수작전이다. 여기에서는 화공 대상과 조건, 화공 방법, 화공과 수공의 차이점, 전쟁의 목적과 신중론을 핵심적으로 다루고 있다.

첫째, 화공의 대상은 사람, 군수품, 수송부대, 창고, 부대이며 화공의 조건은 도구와 함께 건조한 시기와 바람이 부는 시간의 중요성을 강조하고 있다.

둘째, 화공의 방법은 불이 내부에서 일어나면 외부에서 호응하고, 불이 났는데도 혼란이 없으면 기다리는 지혜가 필요하며, 밖에서 불로 공격할 수 있다면 공격하고, 바람은 안지 말고 등지며 공격하고,

바람은 낮에는 불고 밤에는 그친다는 점을 알고 공격해야 한다.

셋째, 화공과 수공의 차이점으로 불로 공격할 때는 면밀함이 필요하고, 물로 공격할 때는 강대함을 필요로 한다.

넷째, 전쟁을 준비하고 수행하여 승리하는 것도 중요하지만 전쟁의 목적을 분명히 해야 하고 제1시계 편에서 언급한 바와 같이 전쟁은 국가의 중대사임으로 이해득실을 충분히 고려하고 나라가 위태롭지 않으면 전쟁을 하지 말 것을 강조하고 있다.

♜ 손자병법 본문

1. 불로 공격하는 대상은 5가지가 있다. 사람, 군수품, 수송부대, 창고, 부대를 공격하는 방법이다. 불로 공격하는 데는 조건이 있어야 하고 도구를 필요로 한다. 불을 놓는 데는 적당한 시기는 건조하고 바람이 부는 때이다. 일반적으로 불로 야기된 위기에 후속 조치가 필수적이다. 적 내부에서 불이나면 외부에서 재빠르게 호응한다. 불이 났는데도 적들이 조용하면 공격하지 말고 기다린다. 불이 최고로 치솟았을 때 가능하면 공격하고, 그렇지 못할 때는 공격하지 않는다. 적진 밖에서 불이나면 내부에서 불이나기를 기다리지 말고, 시간이 맞으면 내부에서 불을 지른다. 위쪽에서 불이나면 아래에서 공격하지 않는다. 낮에 바람이 불었다면 밤에는 그친다. 군대는 화공의 다섯까지 변화를 알고 과학적으로 준수해야 한다.
2. 그러므로 공격을 돕는데 화공의 사용은 명백한 승리를 의미하나, 공격을 돕는데 물을 사용하는 것은 힘을 의미한다. 물은 끊어놓을 수는 있지만 빼앗을 수는 없다. 칭찬할만한 일에 상을 주지 않으면 전투에

서 승리하고 공격에 성공하는 것도 불행하고 인색하다는 말을 듣는다. 그러므로 영민한 국가지도자는 이를 충분히 고려하고, 훌륭한 지휘관은 잘한 일에 보상을 한다. 그들은 이익이 없으면 군대를 움직이지 않고, 얻을 것이 없으면 행동하지 않고, 위태롭지 않으면 싸우지 않는다.

국가지도자는 분노로 군대를 동원해서는 안 되고, 군사지도자는 성난다고 전쟁을 벌여서는 안 된다. 국익이 있을 때 전쟁을 하고, 그렇지 않을 때는 전쟁을 벌이지 않는다. 분노는 기쁨이 될 수 있고 화도 즐거움이 될 수 있지만, 한 번 망한 나라는 다시 설 수 없고 한 번 죽은 자는 다시 살아날 수 없다. 그러므로 현명한 국가지도자는 전쟁에 신중하고 훌륭한 군사지도자는 전쟁을 경계한다. 이것이 나라를 보전하고 군대를 온전히 유지하는 방법이다.

♜ 핵심구절

1. 국가지도자는 기분 나쁘다고 군사를 일으켜서는 안 된다.
   主不可以怒而興師(주불가이노이흥사)

2. 장수는 화난다고 싸우려 해서는 안 된다.
   將不可以慍而致戰(장불가이온이치전)

3. 전쟁에서 이겼더라도 목적을 이루지 못했다면 헛일이다.
   夫戰勝攻取而不修其功者凶 命日費留
   (부전승공취이불수기공자흉 명왈비류)

4. 이익이 되지 않으면 움직이지 않고 득이 되지 않으면 쓰지를 말고 위험하지 않으면 전쟁을 하지 않는다.
   非利不動 非得不用 非危不戰(비리부동 비득불용 비위부전)

5. 이익에 부합하면 움직이지만 이익이 안 되면 그만둘 일이다.
   合於利而動 不合於利而止(합어이이동 불합어리이지)

6. 나라는 망하면 그만이다.
   亡國不可以復存(망국불가이부존)

7. 현명한 군주는 전쟁을 삼간다.
   名君愼之(명군신지)

8. 훌륭한 장수는 싸움을 경계한다.
   良將警之(양장경지)

♜ 핵심사례

6.25전쟁 당시 중공군 참전에 따른 조치

* 철원, 김해, 평강지역 핵사용 검토
* 망명정부 수립 검토

♜ 핵심교훈

"일생에 한번은 결정적 운명에 목숨을 건다."

제 13 편

용간(用間, Use of spy)

"국가지도자는 정보를 소중히 한다"

♜ 핵심메시지

손자는 "적을 알고 나를 알면 승리는 위태롭지 않다."고 했다. 적을 아는 것이 승부의 핵심이라는 뜻이다. 즉 아는 자가 승리한다는 것이다. 그런데 정보를 얻으려면 돈이 필요하다. 전쟁비용에 비해 푼돈인 정보비용을 아끼려다 개인은 물론 국가를 망칠 수 있다. 정보획득에는 돈을 아끼지 말아야 한다. 또한 정보를 얻는 데는 다양한 간첩을 활용해야 한다. 보통사람·고위관리·적의 간첩·허위제보자·진실제보자 등 모두 활용해야 한다.

수집된 정보는 분석·판단의 과정을 거쳐야 한다. 수집된 정보를 여과 없이 활용했다가는 낭패 보기 십상이다. 수집–분석–활용의 과정은 시간을 필요로 한다. 시간은 정보가 밖으로 샐 수 있는 기회를 제공한다. 보안이 누설되면 치명타가 될 수 있다. 혼란을 야기할 수 있고 적이 역이용할 수도 있다. 따라서 보안은 필수적이다.

정보수집이유는 적에 대해 알고 싸움에서 이기는데 있지만 적이 스스로 패배를 자초하는 것이 훨씬 용이하다. 궁극적으로 적을 내 마음대로 움직이는 정보공작이 필수적이다. 아는 것 자체도 힘이지만 아는 것을 적극 활용하는 것이 더욱 중요하다.

♜ 핵심사상

> 1. 정보의 중요성: 적 파악 필수, 자금인색(뒤떨어진 인물)
> *적의 정황을 모르는 자는 결코 인자에 이를 수 없다.
> 2. 간첩의 종류: 향, 내, 반, 생, 사간(친밀, 포상, 은밀)
> 3. 간첩의 운용: 기밀준수, 지휘관/참모/당번/문지기
> 4. 군사 활동 핵(정보): 군사작전 필수, 군사행동 근거

용간은 손자병법의 마지막 편으로 정보의 중요성, 간첩의 종류, 간첩의 운용을 핵심적으로 다루고 있다.

첫째, 적을 이길 수 있는 것은 적의 사정을 미리 알 수 있기 때문이며 이는 무엇보다 사람 즉, 간첩에 의한 것이다. 따라서 첩자운용에 자금의 이용을 꺼려하는 인물은 뒤떨어진 인물이라 할 수 있다.

둘째, 간첩의 종류는 적국의 주민을 이용하는 향간, 적국의 관직에 종사하는 자를 이용하는 내간, 적국의 간첩을 역이용하는 반간, 죽음을 무릎 쓰고 적진에 들어가 거짓정보를 흘리는 사간, 적국에 잠입하여 정보를 얻어 돌아와 보고하는 생간을 들고 있다.

셋째, 간첩의 운용은 기밀이 새나가면 모두 죽이고 적을 공격하기 위해서는 지휘관, 참모, 당번병, 문지기는 물론 심지어 심부름하는 사람까지 관련자 모두에 대한 정보를 수집하여 분석할 것을 강조한다.

넷째, 오직 현명한 국가지도자와 지휘관만이 뛰어난 지혜로써 간첩을 내 사람으로 만들어 큰 성공을 거둘 수 있다. 따라서 간첩활동은 군사 활동의 핵이면서 군사행동의 근거가 된다.

♜ 손자병법 본문

1. 군사작전은 국가의 중대한 일로 하루 승리를 위하여 수년간 대치하는 것이다. 그럼에도 간첩에게 상을 주는 것을 아껴 적의 상황을 파악하는데 실패하는 것은 아주 어리석은 것이다. 군사지도자로서 자격이 없고 국가지도자를 보좌할 자격도 없으며, 승리의 주인공이 될 자격도 없다. 그러므로 현명한 국가지도자와 군사지도자가 적에 승리하고 뛰어난 업적을 얻는 것은 선견지명이 있는 것이다. 선견지명은 귀신으로부터 얻어질 수 없는 것이고, 추론으로 얻어질 수도 없는 것이며, 계산으로 알아낼 수도 없는 것이다. 그것은 적의 상황을 알고 있는 사람으로부터 얻어질 수 있다.

2. 간첩에는 5가지가 있는데 향간, 내간, 반간, 사간, 그리고 생간이다. 5가지 간첩을 모두 움직이고 아무도 그들이 가는 길을 알지 못할 때 이를 조직의 천재라 하고 리더십에 있어 보배라 한다. 향간은 마을의 백성들을 포섭하는 것이다. 내간은 적의 관리를 포섭하는 것이다. 반간은 적의 간첩을 포섭하는 것이다. 사간은 거짓정보를 적의 간첩에게 전달하는 것이다. 생간은 적으로부터 돌아와 보고하는 것이다.

   그러므로 군대에서 어느 누구도 간첩보다 친밀한 사이가 없어야 하고, 어느 누구도 간첩보다 후한 상을 받는 자가 없어야하며, 어떠한 일도 간첩행위보다 은밀함이 없어야 한다. 총명함과 지식이 없으면 간첩을 사용할 수 없고, 섬세함이 없으면 진실을 얻을 수 없다. 이는 실로 매우 복잡한 일이다. 간첩들은 어디에서나 유용하다. 만일 간첩이 보고하기 전에 정보활동이 소문이 나면 간첩은 물론이고 그것을 들은 자도 함께 죽여야 한다.

3. 공격하고자 하는 군대와 공격하고자 하는 성 또는 죽이고자 하는 사람이 있다면 먼저 수비하는 장군과 측근, 방문자, 문지기 그리고 시

중드는 자의 정체를 알아야 하고 간첩으로 하여금 이를 파악하도록 해야 한다.

아 측에 잠입한 적의 간첩은 반드시 색출하여 그들을 포섭하고 유인하여 머물도록 해야 하며, 그들을 반간으로 활용하여야 한다. 이렇게 획득한 정보로 향간과 내간을 찾아 활용할 수 있다. 이렇게 획득한 정보로 사간은 허위정보를 적에게 전달할 수 있다. 이렇게 획득한 정보로 생간을 계획한대로 일을 하게 할 수 있다. 국가지도자가 다섯 가지 간첩행위를 알아야 하는 것은 필수이고, 이러한 정보는 반간에 의해 이루어지므로 반간을 후하게 대접해야 한다.

그러므로 오직 간첩행위로 고도의 정보를 활용할 수 있는 총명한 국가지도자와 현명한 군사지도자만이 커다란 성공을 거둘 수 있다. 이는 군사작전에 필수적이고, 군대가 군사행동을 하는데 있어 근거가 된다.

♛ 핵심구절

1. 향간(鄕間), 내간(內間), 반간(反間), 사간(死間), 생간(生間)

2. 작록과 돈을 아끼느라 적의 사정을 알지 못하면 어질지도 못하고 장수가 될 수 없다.
   愛爵祿百金 不知敵之情者 不仁之至也 非人之將也
   (애작록백금 부지적지정자 불인지지 비인지장야)

3. 꼼꼼하지 않으면 정보의 실체를 파악할 수 없다.
   非微妙不能得間之實(비미묘불능득간지실)

4. 간첩은 누구도 모르게 한다.
   事莫密於間(사막밀어간)

5. 간첩이 쓰이지 않는 곳은 없다. 기밀을 발표하지 않았는데 다른 경로로 들려온다면 그 간첩은 물론 중간에서 기밀을 보고한 자까지도 죽여야 한다.
   無所不用間也 間事未發而先聞自 間與所告者 皆死
   (무소불용간야 간사미발이선문자 간여소고자 개사)

6. 지도자는 5간첩의 일을 알아야 한다.
   五間之事 主必知之(오간지사 주필지지)

♛ 핵심사례

- 임진왜란 당시 일본의 침입여부 판단 실패
- 6.25전쟁 당시 북한의 남침정보 판단 실패
- 6.25전쟁 당시 맥아더 장군의 중국 참전여부 오판

♛ 핵심교훈

"돈은 쓸 때 써야 하고 안 쓸 때 안 써야 한다."

The Art of War
by English

♜ Chapter 1 The Art of War

1. The war is important to the nation. It is the ground of death and life, the path of survival and destruction, so it is imperative to examine it. Therefore measure in terms of five things, use these assessments to make comparisons, and thus find out what the conditions are. The five things are The Way, The Climate, The terrain, The Commander, and Discipline.

The Way means inducing the people to have the same aim as the leadership, so that they will share death and share life, without fear of danger.

The Climate means night and day, cold and heat, times and seasons. The Terrain means distances, difficulty or ease of movement, dimension, and safety.

A Commander should have five virtues as wisdom, trustworthiness, humaneness, courage, and sternness.

Discipline means organization, chain of command, and logistics. Every commander has heard of these five things. Those who know them prevail, those who do not know them do not prevail.

2. Therefore use these assessments for comparison to find out what the conditions are. That is to say, which political leadership has the Way? Which commander has ability? Who has the better climate and terrain? Whose discipline is effective? Whose troops are the stronger? Whose officers and soldiers are the better trained? Whose system of rewards and punishments is clearer? This is how you can know who will win.

3. A military operation involves deception. Even though you are competent, appear to be incompetent. Though effective, appear to be ineffective. When you are going to attack nearby, make it look as if you are going a long way; When you are going to attack far away, make it look as if you are going just a short distance. Draw them in with the prospect of gain, take them by confusion. When they are fulfilled, be prepared against them; when they are strong, avoid them. Use anger to throw them into disarray. Use humility to make them haughty. Tire them by flight. Cause division among them. Attack when they are unprepared. Make your move when they do not expect it. The formation and procedure used by the military should not be divulged beforehand.

4. The one who figures on victory at headquarters before even doing battle is the one who has the most strategic factors on his side. The one who figures on inability to prevail at headquarters before doing battle is the one who has the least strategic factors on his side. The one with many strategic factors in his favor wins, the one with few strategic factors in his favor loses. How much the more so for one with no strategic factors in his favor. Observing the matter in this way, I can see who will win and who will lose.

♜ Chapter 2 The Art of War

1. The cost of war reaches a thousand ounces of silver per day. When you do battle, even if you are winning, if you continue for a long time it will dull your forces and blunt your edge; if you besiege a citadel, your strength will be exhausted. If you keep your armies out in the field for a long time, your supplies will be insufficient.

When your forces are dulled, your edge is blunted, your strength is exhausted, and your supplies are gone, then others will take advantage of your debility[1] and rise up. Then even if you have wise advisers you cannot make things turn out well in the end. Therefore I have heard of military operations that were clumsy but swift, but I have never seen one that was skillful and lasted a long time. It is never beneficial to a nation to have a military operation continue for a long time.

Therefore, those who are not throughly aware of the disadvantages in the use of arms cannot be throughly aware of the advantages in the use of arms.

2. Those who use the military skillfully do not raise troops twice and do not provide food three times. By taking equipment from your own country but feeding off the enemy you can be sufficient in both arms and provisions[2].

---

1) weakness

2) food

When a country is impoverished by military operations, it is because of transporting supplies to a distant place. Transport supplies to a distant place, and the populace[3] will be impoverished. Those who are near the army sell at high prices. Because of high prices, the wealth of the common people is exhausted.

When resources are exhausted, then levies[4] are made under pressure. When power and resources are exhausted, then the homeland is drained[5]. The common people are deprived of seventy percent of their budget, while the government's expenses for equipment amount to sixty percent of its budget. Therefore a wise general strives to feed off the enemy. Each pound of food taken from the enemy is equivalent to twenty pounds you provide by yourself.

3. So what kills the enemy is anger, what gets the enemy's goods is reward. Therefore, in a chariot battle, reward the first to capture at least ten chariots. Change their colors, use them mixed in with your own. Treat the soldiers well, take care of them. This is called overcoming the opponent and increasing your strength to boot. So the important thing in a military operation is victory, not persistence. Hence, we know that the leader of the army is in charge of the lives of the people and the safety of the nation.

---

3) people

4) levy(s), tax

5) empty(v)

♜ Chapter 3 The Art of War

1. The general rule for use of the military is that it is better to keep a nation intact than to destroy it. It is better to keep an army intact than to destroy it, better to keep a division intact than to destroy it, better to keep a battalion intact than to destroy it, better to keep a unit intact than to destroy it.

2. Therefore those who win every battle are not really skillful. Those who render others' armies helpless without fighting are the best of all. Therefore the superior militarist strikes while schemes[6] are being laid. The next best is to attack alliances. The next best is to attack the army. The lowest is to attack a city. Siege of a city is only done as a last resort[7].

3. Take three months to prepare your machines and three months to complete your siege engineering. If the general cannot overcome his anger and has his army swarm over the citadel, killing a third of his soldiers, and yet the citadel is still not taken, this is a disastrous attack. Therefore one who is good at martial arts overcomes others' forces without battle, conquers others' cities without siege[8], destroys others' nations without taking a long time.

---

6) an elaborate and systematic plan of action

7) means

8) encircling

4. It is imperative to contest all factions for complete victory, so the army is not garrisoned[9] and the profit can be total. This is the law of strategic siege. So the rule for use of the military is that if you outnumber the opponent ten to one, then surround them; five to one, attack; two to one, divide. If you are equal, then fight if you are able. If you are fewer, then keep away if you are able. If you are not as good, then flee if you are able. Therefore if the smaller side is stubborn[10], it becomes the captive of the larger side.

5. Generals are assistants of the nation. When their assistance is complete, the country is strong. When their assistance is defective, the country is weak. So there are three ways in which a civil leadership causes the military trouble. When a civil leadership unaware of the facts tells its armies to advance when it should not, or tells its armies to retreat when it should not, this is called tying up the armies. When the civil leadership is ignorant of military but shares equally in the government of the armies, the soldiers get confused. When the civil leadership is ignorant of military maneuvers but shares equally in the command of the armies, the soldiers hesitate. Once the armies are confused and hesitant, trouble comes from competitors. This is called taking away victory by deranging[11] the military.

---

9) dull

10) dogged

11) confused

6. So there are five ways of knowing who will win. Those who know when to fight and when not to fight are victorious. Those who discern when to use many or few troops are victorious. Those whose upper and lower ranks have the same desire are victorious. Those who face the unprepared with preparation are victorious. Those whose generals are able and are not constrained[12)] by their governments are victorious. These five are the ways to know who will win.

7. So it is said that if you know others and know yourself, you will not be imperiled in a hundred battles; if you do not know others but know yourself, you win one and lose one; if you do not know others and do not know yourself, you will be imperiled in every single battle.

---

12) compelled

♜ Chapter 4 The Art of War

1. In ancient times skillful warriors first made themselves invincible[13], and then watched for vulnerability[14] in their opponents. Invincibility is in oneself, vulnerability is in the opponent. Therefore skillful warriors are able to be invincible, but they cannot cause opponents to be vulnerable. That is why it is said that victory can be discerned but not manufactured.

Invincibility is a matter of defense, vulnerability is a matter of attack. Defense is for times of insufficiency, attack is for times of surplus. Those skilled in defense hide in the deepest depths of the earth, those skilled in attack maneuver in the highest heights of the sky. Therefore they can preserve themselves and achieve complete victory.

2. To perceive victory when it is known to all is not really skillful. Everyone calls victory in battle good, but it is not really good. It does not take much strength to lift a hair, it does not take sharp eyes to see the sun and moon, it does not take sharp ears to hear a thunderclap.

In ancient times those known as good warriors prevailed when it was easy to prevail. Therefore the victories of good warriors are not noted for cleverness or bravery. Therefore their victories in battle are not flukes. Their victories are not flukes because they posi-

---

13) unconquerable

14) fragile

tion themselves where they will surely win, prevailing over those who have already lost.

So it is that good warriors take their stand on ground where they cannot lose, and do not overlook conditions that make an opponent prone to defeat. Therefore a victorious army first wins and then seeks battle; a defeated army first battles and then seeks victory.

3. Those who use arms well cultivate the Way and keep the rules. Thus they can govern in such a way as to prevail over the corrupt. The rules of the military are five: measurement, assessment, calculation, comparison, and victory. The ground gives rise to measurement, measurement give rise to assessment, assessment give rise to calculation, calculation give rise to comparisons, comparisons give rise to victories.

Therefore a victorious army is like a pound compared to a gram, a defeated army is like a gram compared to a pound. When the victorious get their people to go to battle as if they were directing a massive flood of water into a deep canyon, this is a matter of formation.

♜ Chapter 5 The Art of War

1. Governing a large number as though governing a small number is a matter of division into groups. Battling a large number as though battling a small number is a matter of forms and calls. Making the armies able to take on opponents without being defeated is a matter of unorthodox and orthodox methods. For the impact of armed forces to be like stones thrown on eggs is a matter of emptiness and fullness.
In battle, confrontation is done directly, victory is gained by surprise. Therefore those skilled at the unorthodox are infinite as heaven and earth, inexhaustible as the great rivers. When they come to an end, they begin again, like the days and months; they die and are reborn, like the four seasons.

2. There are only five notes in the musical scale, but their variations are so many that they cannot all be heard. There are only five basic colors, but their variations are so many that they cannot all be seen. There are only five basic flavors, but their variations are so many that they cannot all be tasted. There are only two kinds of charge in battle, the unorthodox surprise attack and the orthodox direct attack, but variations of the unorthodox and the orthodox are endless. The unorthodox and the orthodox give rise to each other, like a beginningless circle-who could exhaust them?

3. When the speed of rushing water reaches the point where it can move boulders, this is the force of momentum. When the speed of a hawk is such that it can strike and kill, this is precision. So it is with skillful warriors-their force is swift, their precision is close. Their force is like drawing a catapult, their precision is like releasing the trigger.

4. Disorder arises from order, cowardice arises from courage, weakness arises from strength. Order and disorder are a matter of organization, courage and cowardice are a matter of momentum, strength and weakness are a matter of formation. Therefore those who skillfully move opponents make formations that opponents are sure to follow, give what opponents are sure to take. They move opponents with the prospect of gain, waiting for them in ambush.

5. Therefore good warriors seek effectiveness in battle from the force of momentum, not from individual people.

Therefore they are able to choose people and let the force of momentum do its work. Getting people to fight by letting the force of momentum work is like rolling logs and rocks. Logs and rocks are still when in a secure place, but roll on an incline; they remain stationary if square, they roll if round. Therefore, when people are skillfully led into battle, the momentum is like that of round rocks rolling down a high mountain-this is force.

♜ Chapter 6 The Art of War

1. Those who are first on the battlefield and await the opponent are at ease; those who are last on the battlefield and head into battle get worn out. Therefore good warriors cause others to come to them, and do not go to others. What causes opponents to come of their own accord is the prospect of gain. What discourages opponents from coming is the prospect of harm.

So when opponents are at ease, it is possible to tire them. When they are well fed, it is possible to starve them. When they are at rest, it is possible to move them.

2. Appear where they cannot go, head for where they least expect you. To travel hundreds of miles without fatigue, go over land where there are no people.

To unfailingly take what you attack, attack where there is no defense. For unfailingly secure defense, defend where there is no attack. So in the case of those who are skilled in attack, their opponents do not know where to defend. In the case of those skilled in defense, their opponents do not know where to attack.

Be extremely subtle, even to the point of formlessness. Be extremely mysterious, even to the point of soundlessness. Thereby you can be the director of the opponent's fate. To advance irresistibly, push through their gaps. To retreat elusively, outspeed them. Therefore when you want to do battle, even if the opponent is deeply entrenched in a defensive position, he will be unable to avoid fighting if you attack where he will surely go to the rescue. When you do not want to do battle, even if you draw a line on the ground to hold, the opponent cannot fight with you because you set him off on the wrong track.

3. Therefore when you induce others to construct a formation while you yourself are formless, then you are concentrated while the opponent is divided. When you are concentrated into one while the opponent is divided into ten, you are attacking at a concentration of ten to one, so you outnumber the opponent. If you can strike few with many, you will thus minimize the number of those the number of those with whom you do battle.
Your battleground is not to be known, for when it cannot be known, the enemy makes many guard outposts, and since multiple outpost are established, you only have to do battle with small squads. So when the front is prepared, the rear is lacking, and when the rear is prepared the front is lacking. Preparedness on the left means lack on the right, preparedness on the right means lack on the left. Preparedness everywhere means lack everywhere.
The few are those on the defensive against others, the many are those who cause others to be on the defensive against themselves. So if you know the place and time of battle, you can join the fight from a thousand miles away. If you do not know the place and time of battle, then your left flank cannot save your right, your right cannot save your left, your vanguard cannot save your rearguard, and your rearguard cannot save your vanguard, even in a short range of a few to a few dozen miles.

4. According to my assessment, even if you have many more troops than others, how can that helf you to victory. So it is said that victory can be made. Even if opponents are numerous, they can be made not to fight. So assess them to find out their plans, both the successful ones and the failures. Incite them to action in order to find out the patterns of their movement and rest. Induce them to adopt specific formations, in order to Know the ground of death and life. Test them to find out where they are sufficient and where they are lacking.
Therefore the consummation of forming an army is to arrive at formlessness. When you have no form, undercover espionage cannot find out anything, intelligence cannot form a strategy. Victory over multitudes by means of formation is unknowable to the multitudes. Everyone knows the form by which I am victorious, but no one knows the form by which I ensure victory.

5. Therefore victory in war is not repetitious, but adapts its form endlessly. Military formation is like water. The form of water is to avoid the high and go to the low, the form of a military force is to avoid the full and attack the empty; the flow of water is determined by the earth, the victory of a military force is determined by the opponent. So a military force has no constant formation, water has no constant shape: the ability to gain victory by changing and adapting according to the opponent is called genius.

♜ Chapter 7 The Art of War

1. The ordinary rule for use of military force is for the military command to receive the orders from the civilian authorities, then to gather and mass the troops, quartering them together. Nothing is harder than armed struggle. The difficulty of armed struggle is to make long distances near and make problems into advantages. Therefore you make their route a long one, luring them on in hopes of gain. When you set out after others and arrive before them, you know the strategy of making the distant near.
Therefore armed struggle is considered profitable, and armed struggle is considered dangerous. To mobilize the whole army to struggle for advantage would take too long, yet to struggle for advantage with a stripped-down army results in a lack of equipment. So if you travel light, not stopping day or night, doubling your usual pace, struggling for an advantage a hundred miles away, your military leaders will be captured. Strong soldiers will get there first, the weary later on as a rule, one in ten make it.
Struggling for an advantage fifty miles away will thwart the forward leadership, and as a rule only fifty percent of the soldier make it. Struggle for an advantage thirty miles away, and two out of three get there. So an army perishes if it has no equipment, it perishes if it has no food, and it perishes if it has no money.

2. So if you do not know the plans of your competitors, you cannot make informed alliances.

Unless you know the mountains and forests, the defiles and impasses, and the lay of the marshes and swamps, you cannot maneuver with an armed force. Unless you use local guides, you cannot get the advantages of the land. So a military force is established by deception, mobilized by gain, and adapted by division and combination.

Therefore when it moves swiftly it is like the wind, when it goes slowly it is like a forest; it is rapacious as fire, immovable as mountain. It is as hard to know as the dark; its movement is like pealing thunder. To plunder a locality, divide up your troops. To expand your territory, divide the spoils. Act after having made assessments. The one who first knows the measure of far and near wins-this is the rule of armed struggle.

3. An ancient book of military says, "Words are not heard, so cymbals and drums are made. Owing to lack of visibility, banners and flags are made."Cymbals, drums, banners and flags are used to focus and unify people's ears and eyes. Once people are unified, the brave cannot proceed alone, the timid cannot retreat alone- this is the rule for employing a group. So in night battles you use many fires and drums, in daytime battles you use many banners and flags, so as to manipulate people's ears and eyes.

So you should take away the energy of their armies, and take away the heart of their generals. So morning energy is keen, midday energy slumps, evening energy recedes therefore those skilled in use of arms avoid the keen energy and strike the slumping and receding. These are those who master energy. Using order to deal with the disorderly, using calm to deal with the clamorous, is mastering the heart. Standing your ground awaiting those far away, awaiting the weary in comfort, awaiting the hungry with full stomachs, is mastering strength. Avoiding confrontation with orderly ranks and not attacking great formations is mastering adaptation.

4. So the rule for military operations is not to face a high hill and not to oppose those with their backs to a hill. Do not follow a feigned retreat. Do not attack crack troops. Do not eat food for their soldiers. Do not stop an army on its way home. A surrounded army must be given a way out. Do not press a desperate enemy. These are rules of military operations.

♜ Chapter 8 The Art of War

1. The general rule for military operations is that the military leadership receives the order from the civilian leadership to gather armies. Let there be no encampment on difficult terrain. Let diplomatic relations be established at borders. Do not stay in barren or isolated territory. When on the surrounded ground, plot. When on deadly ground, fight.

There are routes not to be followed, armies not to be attacked, citadels not to be besieged, territory not to be fought over, orders of civilian governments not to be obeyed. Therefore general who know all possible adaptations to take advantage of the ground know how to use military forces. If generals do not know how to adapt advantageously, even if they know the lay of the land they cannot take advantage of it. If they rule armies without knowing the art of complete adaptation, even if they know what there is to gain, they cannot get people to work for them.

2. Therefore the considerations of the intelligent always include both benefit and harm. As they consider benefit, their work can expand; as they consider harm, their troubles can be resolved. Therefore what restrains competitors is harm, what keeps competitors busy is work, what motivates competitors is profit. So the rule of military operations is not to count on opponents not coming, but to rely on having ways of dealing with them; not to count on opponents not attacking, but to rely on having what cannot be attacked.

3. Therefore there are five traits that are dangerous in generals: Those who are ready to die can be killed; those who are intent on living can be captured; those who quick to anger can be shamed; those who are puritanical can be disgraced; those who love people can be troubled. These five things are faults in general, disasters for military operations.

♜ Chapter 9 The Art of War

1. Whenever you station an army to observe an opponent, cut off the mountains and stay by the valleys. Watch the light, stay on the height. When fighting on a hill, do not climb. This is applies to an army in the mountains. When cut off by water, always stay away from the water. Do not meet them in the water; it is advantageous to let half of them cross and then attack them. When you want to fight, do not face an enemy near water. Watch the light, stay in high places, do not face the current of the water. This applies to an army on water.

Go right through salt marshes, just go quickly and do not tarry. If you run into an army in the middle of a salt marsh, stay by the waterplants, with your back to the trees. This applies to an army in a salt marsh. On a level plateau, take up positions where it is easy to maneuver, keeping higher land to your right rear, with low ground in front and high ground behind. This applies to an army on a plateau.

It was by taking advantage of the situation in these four basic ways that the Yellow Emperor overcame four lords.

2. Ordinarily, an army likes high places and dislikes low ground, values light and despises darkness. Take care of physical health and stay where there are plenty of resources. When there is no sickness in the army, it is said to be invincible.

Where there are hills or embankments keep on their sunny side, with them to your right rear. This is an advantage to a military force, the helf of the land. When it rains upstream and froth is coming down on the current, if you want to cross, wait until it settles.

Whenever the terrain has impassable ravines, natural enclosures, natural prisons, natural traps, natural pitfalls, and natural clefts, you should leave quickly and not get near them. For myself, I keep away from these, so that opponents are nearer to them; I keep my face to these so that opponents have their backs to them.

When an army is traveling, if there is hilly territory with many streams and ponds or depressions overgrown with reeds, or wild forests with a luxuriant growth of plants and trees, it is imperative to search them carefully and thoroughly. For these afford stations for bushwackers and spoilers.

3. When the enemy is near but still, he is resting on a natural stronghold. When he is far away but tries to provoke hostilities, he wants you to move forward. if his position is accessible, it is because that is advantageous to him.

When the trees move, the enemy is coming; when there are many blinds in the undergrowth, it is misdirection. If birds start up, there are ambushers there. If the animals are frightened, there are attackers there. If dust rises high and sharp, vehicles are coming; if it is low and wide, foot-soldiers are coming. Scattered wisps of smoke indicate wood-cutters. Relatively small amounts of dust coming and going indicate setting up camp.

Those whose words are humble while they increase war preparations are going to advance. Those whose words are strong and who advance aggressively are going to retreat. When light vehicles come out first and stay to the sides, they are going to set up a battle line. Those who come seeking peace without a treaty are plotting. Those who busily set out arrays of armed vehicles are expecting reinforcements. If half their force advances and half retreats, they are trying to lure you. If they brace themselves as they stand, they are starving. When those sent to draw water first drink themselves, they are thirsty. When they see an advantage but do not advantage on it, they are weary.

If birds are gathered there, the place has been vacated. If there are calls in the night, they are afraid. If the army is unsettled, it means the general is not taken seriously. If signals move, that means they are in confusion. If their emissaries are irritable, it means they are tired. When they kill their horses for meat, it means that the soldiers have no food; when they have no pots and do not go back to their quarters, they are desperate adversaries.

When there are murmurings, lapses in duties, and extended conversations, the loyalty of the group has been lost. When they give out numerous rewards, it means they are at an impasse; when they give out numerous punishments, it means they are worn out. To be violent at first and wind up fearing one's people is the epitome of ineptitude. Those who come in a conciliatory manner want to rest. When forces angrily confront you but delay engagement, yet do not leave, it is imperative to watch them carefully.

4. In military matters it is not necessarily beneficial to have more strength, only to avoid acting aggressively; it is enough to consolidate your power, assess opponents, and get people, that is all.

The individualist without strategy who takes opponents lightly will inevitably become the captive of others.

5. If soldiers are punished before a personal attachment to the leadership is formed, they will not submit, and if they do not submit they are hard to employ. If punishments are not executed after personal attachment has been established with the soldiers, then they cannot be employed.
Therefore direct them through cultural arts, unify them through martial arts; this means certain victory. When directives are consistently carried out to edify the populace, the populace accepts, When directives are not consistently carried out to edify the populace, the populace does not accept. When directives are consistently carried out, there is mutual satisfaction between the leadership and the group.

♜ Chapter 10 The Art of War

1. Some terrain is easily passable, in some you get hung up, some makes for a standoff, some is narrow, some is steep, some is wide open.

When both sides can come and go, the terrain is said easily passable. When the terrain is easily passable, take up your position first, choosing the high and sunny side, convenient to supply routes, for advantage in battle.

When you can go but have a hard time getting back, you are said to be hung up. on this type of terrain, if the opponent is unprepared, you will prevail if you go forth, but if the enemy is prepared, if you go forth and do not prevail. you will have a hard time getting back, to your disadvantage.

When it is disadvantageous for either side to go forth, it is called standoff terrain. On standoff terrain, even though the opponent offers you an advantage, you do not go for it-you withdraw, inducing the enemy half out, and then you attack, to your advantage.

When it is disadvantageous for either side to go forth, it is called standoff terrain. On standoff terrain, even though the opponent offers you an advantage, you do not go for it- you withdraw, inducing the enemy half out, and then you attack, to your advantage.

On narrow terrain, if you are there first, you should fill it up to await the opponent. If the opponent is there first, do not pursue if the opponent fills the narrows. Purse if the opponent does not fill the narrows.

On steep terrain, if you are there first, you should occupy the high and sunny side to await the opponent. If the opponent is there first, with-draw from there and do not pursue.
On wide-open terrain, the force of momentum is equalized, and it is hard to make a challenge, disadvantageous to fight.
Understanding these six kind of terrain is the highest responsibility of general, and it is imperative to examine them.

2. So among military forces there are those who rush, those who tarry, those who fall, those who crumble, those who riot, and those who get beaten. These are not natural disasters, but faults of the generals.
Those who have equal momentum but strike ten with one are in a rush. Those who soldiers are strong but whose officers are week fall. When colonels are angry and obstreperous and fight on their own out of spite when they meet opponents, and the generals do not know their abilities, they crumble. When the generals are weak and lack authority, instructions are not clear, officers and soldiers lack consistency, and they form battle lines every which way, this is riot. When the generals cannot assess opponents, clash with much greater numbers or more powerful forces, and do not sort out the levels of skill among their own troops, these are the ones who get beaten.
These six are ways to defeat. Understanding this is the ultimate responsibility of the general; they must be examined.

3. The contour of the land is an aid to an army; sizing up opponents to determine victory, assessing danger and distances, is the proper course of action for military leaders. Those who do battle knowing these will win, those who battle without knowing these will lose.

Therefore, when the laws of war indicate certain victory it is surely appropriate to do battle, even if the government says there is to be no battle. If the laws of war do not indicate victory, it is appropriate not to do battle, even if the government orders war. Thus one advances without seeking glory, retreats without avoiding blame, only protecting people, to the benefit of the government as well, thus rendering valuable service to the nation.

Look upon your soldiers as you do infants, and they willingly go into deep valleys with you; look upon your soldiers as beloved children, and they willingly die with you.

If you are so nice to them that you cannot employ them, so kind to them that you cannot command them, so casual with them that you cannot establish order, they are like spoiled children, useless.

4. If you know your soldiers are capable of striking, but do not know whether the enemy is invulnerable to a strike, you have half a chance of winning. If you know the enemy is vulnerable to a strike, but do not know if your soldiers are incapable of making such a strike, you have half a chance of winning. If you know the enemy is vulnerable to a strike, and know your soldiers can make the strike, but do not know if the lay of the land makes it unsuitable for battle, you have half a chance of winning.

Therefore those who know martial arts do not wander when they move, and do not become exhausted when they rise up. So it is said that when you know yourself and others, victory is not in danger; when you know sky and earth, victory is inexhaustible.

♜ Chapter 11 The Art of War

1. According to the rule for military operations, there are nine kinds of ground. Where local interests fight among themselves on their own territory, this is called a ground of dissolution. When you enter others's land, but not deeply, this is called light ground. Land that would be advantageous to you if you got it and to opponents if they got it is called ground of contention.

Land where you and others can come and go is called a trafficked ground. Land that is surrounded on three sides by competitors and would give the first to get it access to all the people on the continent is called intersecting ground. When you enter deeply into others'land, past many cities and towns, this is called heavy ground.

When you traverse mountain forests, steep defiles, marshes, or any route difficult to travel, this is called bad ground. When the way in is narrow and the way out is circuitous, so a small enemy force can strike you, even though your numbers are greater, this is called surrounded ground. When you will survive if you fight quickly and perish if you do not, this is called dying ground.

2. So let there be no battle on a ground of dissolution, let there be no stopping on light ground, let there be no attack on a ground of contention, let there be on cutting off of trafficked ground. On intersecting ground form communications, on heavy ground plunder, on bad ground keep going, on surrounded ground make plans, on dying ground fight.

3. Those who are called the good militarists of old could make opponents lose contact between front and back lines, lose reliability between large and small groups, lose mutual concern for the welfare of the different social classes among them, lose mutual accommodation between the rulers and the ruled, lose enlistments among the soldiers, lose coherence within the armies. They went into action when it was advantageous, stopped when it was not. It may be asked, when a large, well-organized opponent is about to come to you, how do you deal with it? The answer is that you first take away what they like, and then they will listen to you. The condition of a military force is that its essential factor is speed, taking advantage of other's failure to catch up, going by routes they do not expect, attacking where they are not on guard.

4. In general, the pattern of invasion is that invaders became more intense the father they enter alien territory, to the point where the native rulership cannot overcome them. Glean from rich fields, and the armies will have enough to eat. Take care of your health and avoid stress, consolidate your energy and build up your strength. Maneuver your troops and assess strategies so as to be unfathomable. Put them in a spot where they have no place to go, and they will die before fleeing. If they are to die there, what can they not do? Warriors exert their full strength. When warriors are in great danger, then they have no fear. When there is nowhere to go they are firm, when they are deeply involved they stick to it. If they have no choice, they will fight. For this reason the soldiers are alert without being drilled, enlist without being drafted, are friendly without treaties, are trustworthy without commands.

Prohibit omens to get rid of doubt, and soldiers will never leave you. If your soldiers have no extra goods, it is not that they dislike material goods. If they have no more life, it is not that they do not want to live long. On the day the order to march goes out, the soldiers weep.

5. So a skillful military operation should be like a swift snake that counters with its tail when some-one strike at its head, counters with its head when someone strikes at its tail, and counters with both head and tail when someone strikes at its middle.
The question may be asked, can a military force be made to be like this swift snake? The answer is that it can. Even people who dislike each other, if in the same boat, will help each other out in trouble. Therefore tethered horse and buried wheels are not sufficiently reliable. To even out bravery and make it uniform is the Tao of organization. To be successful with both the hard and soft is based on the pattern of the ground.
Therefore those skilled in military operations achieve cooperation in a group so that directing the group is like directing a single individual with no other choice.

6. The business of the general is quiet and secret, fair and orderly. He can keep the soldiers unaware, make them ignorant. He change his actions and revises his plans, so that people will not recognize them. He changes his abode and goes by a circuitous route, so that people cannot anticipate him.
When a leader established a goal with the troops, he is like one who climbs up to high place and then tosses away the ladder.

When a leader enter deeply into enemy territory with the troops, he brings out their potential. He has them burn the boat and destroy the pots, drives them like sheep, none knowing where they are going. To assemble armies and put them into dangerous situations is the business of generals. Adaptations to different grounds, advantages of contraction and expansion, patterns of human feelings and conditions-these must be examined.

7. Generally, the way it is with invaders is that they unite when deep in enemy territory but are prone to dissolve while on the fringes. When you leave your country and cross the border on a military operation, that is isolated ground. When it is accessible from all directions, it is trafficked ground. When penetration is deep, that is heavy ground, When penetration is swallow, that is light ground. When your back is to an impassable fastness and before you are narrow straits, that is surrounded grounded. When there is no where to go, that is deadly ground.

So on a ground of dissolution I would unify the minds of the troops. On light ground, I would have them keep in touch. On a ground of contention, I would have them follow up quickly. On an intersecting ground, I would be careful about defense. On a trafficked ground, I would make alliance firm. On heavy ground, I would ensure continuous supplies. On bad ground, I would urge them onward. On surrounded ground, I would close up the gaps. On deadly ground, I would indicate to them there is no surviving. So the psychology of soldiers is to resist when surround, fight when it cannot be avoided, and obey in extremes.

Therefore those who do not know the plans of competitors cannot prepare alliances. Those who do not now the lay of the land cannot maneuver their forces. Those who do not use local guides cannot take advantage of the ground. The military of an effective rulership must know all these things. When the military of an effective rulership attacks a large country, the people cannot unite. When its power overwhelms opponents, alliances cannot come together. Therefore if you do not complete for alliances anywhere, do not foster authority anywhere, but just extend your personal influence, threatening opponents, this makes town and country vulnerable.

8. Give out rewards that are not in the rules, give out directives that are not in the code. Employ the entire armed forces like employing a single person. Employ them with actual tasks, do not talks to them. Motivate them with benefits, do not tell them about harm. Confront them with annihilation, and they will then survive; plunge them into a deadly situation, and they will then live. When people fall into danger, they are then able to strive for victory. So the task of a military operation is to accord deceptively with the intentions of the enemy. If you concentrate totally on the enemy, you can kill its leadership a thousand miles away. This is skillful accomplishment of the task. So on the day war is declared, borders are closed, passports are torn up, and emissaries are not let through.

Matters are dealt with strictly at headquarters. When opponents present openings, you should penetrate them immediately. Get to what they want first, subtly anticipate them. Maintain discipline and adapt to the enemy in order to determine the outcome of the war. Thus, at first you are like a maiden, so the enemy opens his door; then you are like a rabbit on the loose, so the enemy cannot keep you out.

♜ Chapter 12 The Art of War

1. There are five kinds of fire attack: burning people, burning supplies, burning equipment, burning storehouse, and burning weapons. The use of fire must have a basis, and requires certain tools. There are appropriate times for setting fires, namely when the weather is dry and windy. Generally, in fire attacks it is imperative to follow up on the crises caused by the fires. When fire is set inside an enemy camp, then respond quickly from outside. If the soldiers are calm when fire breaks out, wait-do not attack. When the fire reaches the height of its power, follow up if possible, hold back if not. When fire can be set out in the open, do not wait until it can be set inside a camp-set it when the time is right. When fire is set upwind, do not attack downwind. If it is windy during the day, the wind will stop at night. Armies must know there are adaptations of the five kinds of fire attack, and adhere to them scientifically.

2. So the use of fire to help to help an attack means clarity, use of water to help at attack means strength. Water can cut off, but cannot plunder. To win in battle or make a successful siege without rewarding the meritorious is unlucky and earns the name of stinginess. Therefore it is said that and enlightened government considers this, and good military leadership reward merit. They do not mobilize when there is no advantage, do not act when there is nothing to gain, do not fight when there is no danger.

A government should not mobilize an army out of anger, military leaders should not provoke war out of wrath. Act when it is beneficial, desist if it is not. Anger can revert to joy, wrath can revert to delight, but a nation destroyed cannot be restored to existence, and the dead cannot be restored to life. Therefore an enlightened government is careful about this, a good military leadership is alert to this. This is the way to secure a nation and keep the armed forces whole.

♜ Chapter 13 The Art of War

1. A major military operation is a severe drain on the nation, and may be kept up for years in the struggle for one day's victory. So to fail to know the conditions of opponents because of reluctance to give rewards for intelligence is extremely inhumane, uncharacteristic of a true military leader, uncharacteristic of an assistant of the government, uncharacteristic of victorious chief. So what enables an intelligent government and a wise military leadership to overcome others and achieve extraordinary accomplishment is foreknowledge. Foreknowledge cannot be gotten from ghosts and spirits, cannot be had by analogy, cannot be founded out by calculation. It must be obtained form people, people who know the conditions of the enemy.

2. There are five kinds of spy: The local spy, the inside spy, the reverse spy, the dead spy, and the living spy. When the five kinds of spies are all active, no one knows their routes-this is called organization genius, and is valuable to the leadership. Local spies are hired from among the people of a locality. Inside spies are hired from among enemy officials. Reverse spies are hired from among enemy spies. Dead spies transmit false intelligence to enemy spies. Living spies come back to report.

Therefore no one in the armed forces is treated as familiarly as are spies, no one is given rewards as rich as those given to spies, and no matter is more secret than espionage. One cannot use spies without sagacity and knowledge, one cannot get the truth from spies without subtlety. This is a very delicate matter indeed. Spies are useful everywhere. If an item of intelligence is heard before a spy report it, then both the spy and the one who told about it die.

3. Whenever you want to attack an army, besiege a city, or kill a person, first you must know the identities of their defending generals, their associates, their visitors, their gatekeepers, and their chamberlains, so have your spies find out.
You must seek out enemy agents who have come to spy on you, bribe them and induce them to stay with you, so you can use them as reverse spies. By intelligence thus obtained, you can find local spies and inside spies to employ. By intelligence thus obtained, you can cause the misinformation of dead spies to be conveyed to the enemy. By intelligence thus obtained, you can get living spies to work as planned.
It is essential for a leader to know about the five kinds of espionage, and this knowledge depends on reverse spies, so reverse spies must be treated well. So only a brilliant ruler or a wise general who can use the highly intelligent for espionage is sure of great success. This is essential for military operations, and the armies depend on this in their actions.

孫子兵法 原文

第一篇 始計시계

孫子曰(손자왈) 손자가 말했다

兵者(병자) 전쟁은

國之大事(국지대사) 나라의 중대한 일이다.

死生之地(사생지지) 국민의 생사의 처지와

存亡之道(존망지도) 국가의 존망의 길이어서.

不可不察也(부가부찰야) 신중히 검토하지 않을 수 없다.

故經之以五校之計(고경지이오교지계) 그러므로 다섯 가지의 계책을 기본으로 하고

而索其情(이삭기정) 그 실정을 파악해야 한다.

一曰道(일왈도) 첫째가 도

二曰天(이왈천) 둘째가 천

三曰地(삼왈지) 셋째가 지

四曰將(사왈장) 넷째가 장

五曰法(오왈법) 다섯째가 법이다.

道者(도자) 도라는 것은

令民與上同意也(령민여상동의야) 백성으로 하여금 윗사람과 한 마음이 되게 하는 길이다.

故可與之死(고가여지사) 그러므로 죽음을 같이 할 수 있고

可與之生(가여지생) 삶을 같이 할 수 있다

而民不畏危(이민부외위) 그리하여 백성은 위험도 두려워하지 않는다.

天者(천자) 천이라고 하는 것은

陰陽寒暑時制也(음양한서시제야) 밤과 낮, 추위와 더위 시기와 계절을 말한다.

地者(지자) 지라는 것은

遠近險易廣狹死生也(원근험이광협사생야) 거리가 먼가, 가까운가? 지세가 험난한가, 평탄한가? 넓은가, 좁은가? 막다른 곳인가, 트인 곳인가? 이다.

將者(장자) 장이라는 것은

智信仁勇嚴也(지신인용엄야) 지혜·신의·인애·용기·엄격을 갖춘 사람이라야 한다.

法者(법자) 법이라는 것은

曲制官道主用也(곡제관도주용야) 편성·지휘체계·군수이다.

凡此五者(범차오자) 이 다섯 가지는

將莫不聞(장막부문) 듣지 않으면 안 된다.

知之者勝(지지자승) 이것을 아는 자는 승리하고

不知者不勝(부지자부승) 알지 못하는 자는 승리하지 못한다.

故校之以計(고교지이계) 그런 까닭에 이 다섯 가지로 생각하여

而索其情曰(이삭기정왈) 그 실정을 탐색하여 보면 이렇다

主孰有道(주숙유도) 군주는 어느 편이 더 정치를 잘 하는가?

將孰有能(장숙유능) 장수는 어느 편이 더 유능한가?

天地孰得(천지숙득) 천시와 지리는 어느 편이 얻고 있는가?

法令孰行(법령숙항) 법령은 어느 편이 더 잘 시행되고 있는가?

兵衆孰强(병중숙강) 군대는 어느 편이 더 강한가?

士卒孰鍊(사졸숙련) 병사는 어느 편이 더 훈련되어 있는가?

賞罰孰明(상벌숙명) 상과 벌은 어느 편이 더 명확한가?

吾以此知勝負矣(오이차지승부의) 나는 이것으로써 승부를 안다.

將聽吾計(장청오계) 만약 나의 계책을 들어 주어

用之必勝(용지필승) 용병하면 반드시 이길 것이기에,

留之(류지) 나는 머물러 있을 것이다.

將不聽吾計(장부청오계) 만약 나의 계책을 듣지 않는다면,

用之必敗(용지필패) 용병하면 반드시 이길 질 것이기에,

去之(거지) 나는 떠날 것이다.

計利以聽(계리이청) 나의 계략이 유리하다고 생각하고 들어 주면

乃爲之勢(내위지세) 이 전략이 하나의 세력이 되어,

以佐其外(이좌기외) 이것으로 그 외의 것을 도울 것이다.

勢者(세자) 세란

因利而制權也(인리이제권야) 이로움으로 권을 통제하는 것이다.

兵者 詭道也 (병자 궤도야) 용병이란 속임수이다.

故能而示之不能(고능이시지부능) 그런 까닭에 능력이 있으면서 능력이 없는 것처럼 하고

用而示之不用(용이시지부용) 사용하면서 사용하지 않는 것처럼 한다.

近而視之遠(근이시지원) 가까운 곳을 노리면서 먼 곳을 보는 것처럼 하고,

遠而示之近(원이시지근) 먼 곳을 노리면서 가까운 곳을 보는 것처럼 한다.

利而誘之(리이유지) 적에게 이익을 줄듯이 하여 유인하고,

亂而取之(난이취지) 적을 혼란하게 해놓고 취한다.

實而備之(실이비지) 적의 군세가 건실하면 이에 대비하고,

强而避之(강이피지) 적이 강성하면 충돌을 회피한다.

怒而撓之(노이요지) 적을 성나게 하여 소란하게 만들고,

卑而驕之(비이교지) 저자세를 보여서 교만하게 만든다.

佚而勞之(일이노지) 적이 편안하면 피로하게 만들고

親而離之(친이리지) 적이 화친하면 이간시킨다.

攻其無備(공기무비) 적의 무방비한 곳을 공격하고,

出其不意(출기부의) 적이 뜻하지 않은 곳으로 나아간다.

此兵家之勝(차병가지승) 이것이 군대의 승리방법이니

不可先傳也(부가선전야) 사전에 알려져서는 안 된다.

夫未戰而廟算勝者(부미전이묘산승자) 무릇 전쟁은 싸움을 시작하기 승산을 계산하여야 한다.

得算多也(득산다야) 승리할 경우는 승산이 많은 것이다.

未戰而廟算不勝者(미전이묘산부승자) 싸움을 시작하기 전 승산 승리할 수 없는 자는

得算少也(득산소야) 승산이 적은 것이다.

多算勝(다산승) 승산이 많으면 승리하고

少算不勝(소산부승) 승산이 적으면 승리하지 못한다.

而況於無算乎(이황어무산호) 하물며 승산이 전혀 없는 경우는 어떻겠는가?

吾以此觀之(오이차관지) 나는 이것으로써 살펴보아

勝負見矣(승부견의) 전쟁의 승부를 알 수 있다.

第二篇 作戰작전

子曰凡用兵之法(자왈 범용병지법) 손자가 말하기를 무릇 군대의 운용법은

馳車千駟 革車千乘(치거천사 혁거천승) 전차·수레 천대에

帶甲十萬(대갑십만) 갑옷병사 10만 명을 거느린다.

千里饋糧(천리궤량) 천리 길의 식량수송,

則內外之費(칙내외지비) 즉 안과 밖으로 소비되는 것과

賓客之用(빈객지용) 국빈 사용 비용,

膠漆之材(교칠지재) 아교와 옻칠 등의 재료,

車甲之奉(거갑지봉) 수레와 갑옷에 소요되는 비용이

日費千金(일비천금) 하루에 천금이 소비된다.

然後十萬之師擧矣(연후십만지사거의) 이러한 연후에 십만의 군사를 일으킬 수 있는 것이다.

其用戰也(기용전야) 군대를 이용하여 전쟁을 할 때,

勝久則鈍兵挫銳(승구칙둔병좌예) 전쟁이 오래 지속되면 병사가 둔해지고 예기가 꺾인다.

攻城則力屈(공성칙력굴) 따라서 적진을 공략해도 공격력이 약화될 것이다.

久暴師則國用不足(구포사칙국용부족) 또한 장기간 군대를 전선에 두게 되면 국가재정은 고갈된다.

夫鈍兵挫銳(부둔병좌예) 군대가 둔해지고 예기가 꺾이고,

屈力殫貨(굴력탄화) 군대 힘이 소진되고 국고가 고갈되면,

則諸侯乘其弊而起(칙제후승기폐이기) 제3국이 이 폐단을 노려 침략하려 일어설 것이다.

雖有智者(수유지자) 이렇게 되면 아무리 지모 있는 자라 할지라도

不能善其後矣(부능선기후의) 그 뒷일을 수습할 수 없게 될 것이다.

故兵聞拙速(고병문졸속) 그러므로 다소 미흡해도 속전속결해야 한다는 말은 들었으나,

未睹巧之久也(미도교지구야) 교묘하게 한다 하여 오래오래 끌어서는 승리한 예를 본 적이 없다.

夫兵久而國利者(부병구이국리자) 또한 장기전을 해서 그 나라가 이익을 보았다는

未之有也(미지유야) 그러한 예는 아직 없다.

故不盡知用兵之害者(고부진지용병지해자) 그러므로 전쟁의 폐해를 십분 알지 못하는 자는

則不能盡知用兵之利也(칙부능진지용병지리야) 용병의 이익을 충분히 알지 못한다.

善用兵者(선용병자) 전쟁을 잘하는 자는

役不再籍(역부재적) 장정을 두 번 다시 징집하지 않고,

糧不三載(량부삼재) 군량을 세 번 싣지 않는다.

取用於國(취용어국) 적국에 진입하여

因糧於敵(인량어적) 군수물자를 취하게 한다.

故軍食可足也(고군식가족야) 그래서 군대는 양식이 풍족하다.

國之貧於師者遠輸(국지빈어사자원수) 국가가 전쟁으로 빈곤함은 멀리 수송하기 때문이다.

遠輸則百姓貧(원수칙백성빈) 멀리 수송하므로 인하여 백성이 가난해진다.

近於師者貴賣(근어사자귀매) 또 군대의 주둔지 근방은 물가가 폭등한다.

貴賣則百姓財竭(귀매칙백성재갈) 물가가 폭등하면 백성의 재산이 고갈된다.

財竭則急於丘役(재갈칙급어구역) 재산이 고갈되면 징발이 곤란하게 된다.

力屈財殫(력굴재탄) 전쟁은 오래 끌수록 병력이 약화되고, 재물은 전쟁터에서 다 없어지며,

中原內虛於家(중원내허어가) 중원의 집안이 텅 비게 되고,

百姓之費(백성지비) 백성들은 수입액의

十去其七(십거기칠) 백에 칠십을 세금으로 빼앗기게 될 것이다.

公家之費(공가지비) 국가재정은

破軍罷馬(파군파마) 수레는 파괴되고 말은 피로하여

甲胄矢弩(갑주시노) 갑옷, 투구, 화살과 활

戟楯蔽櫓(극순폐노) 창, 방패

丘牛大車(구우대거) 큰 수레 등도

十去其六(십거기륙) 그 백에 육십이 소진되어 버릴 것이다.

故智將務食於敵(고지장무식어적) 그러므로 지략이 뛰어난 장군은 가급적 이 편의 소모를 피하고 적국의 물자를 탈취해서 먹는다.

食敵一鍾(식적일종) 적한테서 탈취한 곡식 1종은

當吾二十鍾(당오이십종) 자국에서 멀리 수송해 온 20종에 해당하며,

芑秆一石(기간일석) 적에게 탈취한 사료 1석은

當吾二十石(당오이십석) 자국에서 운반한 20석과 맞먹는 것이다.

故殺敵者(고살적자) 적을 죽이려면

怒也(노야) 분노를 유발하여야 한다.

取敵之利者(취적지리자) 적의 이익을 취하려면

貨也(화야) 상으로써 격려해야 한다.

故車戰(고거전) 전차전에 있어서

得車十乘已上(득거십승이상) 적의 전차를 10대 이상 노획하면

賞其先得者(상기선득자) 먼저 노획한 자에게 상을 주고,

而更其旌旗(이경기정기) 그 전차의 기를 바꾸어 달아,

車雜而乘之(거잡이승지) 아군의 전차에 섞어 아군 병사를 태우며,

卒善而養之(졸선이양지) 또 포로는 우대하여 우리 편으로 만든다.

是謂勝敵而益强(시위승적이익강) 이것은 적을 이기며 더욱 강성해지는 것이다.

故兵貴勝(고병귀승) 전쟁은 승리를 귀하에 여기지

不貴久(부귀구) 오래 끄는 것을 귀하게 여기지 않는다.

故知兵之將(고지병지장) 고로 전쟁본질을 아는 장군만이

民之司命(민지사명) 백성의 생명을 관장하고

國家安危之主也(국가안위지주야) 국가안위를 책임질 수 있다.

第三篇 謀攻 모공

孫子曰(손자왈) 손자가 말했다.

凡用兵之法(범용병지법) 대체로 용병의 방법은

全國爲上(전국위상) 적국을 온전한 채로 포섭하는 것이 최상이며

破國次之(파국차지) 적의 국토를 파괴하고 얻은 것은 차선이다.

全軍爲上(전군위상) 적의 군을 온전한 채로 포섭하는 것이 최상이며,

破軍次之(파군차지) 군을 파괴하고 얻는 것은 차선이다.

全旅爲上(전려위상) 적의 여단을 온전한 채로 포섭하는 것이 최상이며,

破旅次之(파려차지) 여단을 파괴하고 얻는 것은 차선이다.

全卒爲上(전졸위상) 소대를 온전한 채로 포섭하는 것이 최상이며,

破卒次之(파졸차지) 소대를 파괴하고 얻는 것은 차선이다.

全伍爲上(전오위상) 분대를 온전한 채로 포섭하는 것이 최상이며,

破伍次之(파오차지) 분대를 파괴하고 얻는 것은 차선이다.

是故百戰百勝(시고백전백승) 따라서 백전백승이

非善之善者也(비선지선자야) 결코 최상의 방법이 아니다.

不戰而屈人之兵(부전이굴인지병) 싸우지 않고 굴복시키는 것이

善之善者也(선지선자야) 최상이다

故上兵伐謀(고상병벌모) 그러므로 최상의 전법은 적의 모략을 분쇄하는 일이고,

其次伐交(기차벌교) 그 다음이 외교관계를 파괴하는 일이며,

其次伐兵(기차벌병) 그 다음은 군사를 정벌하는 일이요,

其下攻城(기하공성) 최하는 적의 요새를 공격하는 일이다.

攻城之法(공성지법) 요새를 공격하는 방법은

爲不得已(위부득이) 어쩔 수 없을 때에만 해야 한다.

修櫓轒轀(수노분온) 방패와 사다리차를 수리하고,

具器械(구기계) 기구와 기계를 준비하는데

三月而後成(삼월이후성) 3개월이 걸려야 완성된다.

距闉(거인) 적의 성안을 들여다보는 흙산을 쌓는 데에도

又三月而後已(우삼월이후이) 또 3개월은 걸린다.

將不勝其忿(장부승기분) 지휘자가 분을 이기지 못하고

而蟻附之(이의부지) 사병들을 적의 성벽에 개미떼처럼 달라붙어 기어오르게 하여,

殺士三分之一(살사삼분지일) 그 3/1이나 죽게 하고서도

而城不拔者(이성부발자) 그 성을 함락시키지 못하는 것은

此攻之災(차공지재) 이것은 공격의 재난이다

故善用兵者(고선용병자) 그러므로 최상의 용병자는

屈人之兵而非戰也(굴인지병이비전야) 적의 군대를 굴복시키지만 전쟁을 강행하지 않는다.

拔人之城而非攻也(발인지성이비공야) 적의 성을 함락시키지만 구태여 공격을 일삼지 않는다.

破人之國而非久也(파인지국이비구야) 적국을 허물어뜨리되 장기전은 하지 않는다.

必以全爭於天下(필이전쟁어천하) 반드시 자기 나라의 군사를 온전케 한 채로 천하를 다툰다.

故兵不頓(고병부돈) 그러므로 그 군사가 손상되지 않으며,

而利可全(이리가전) 그 이익을 온전히 할 수 있는 것이다.

此謀攻之法也(차모공지법야) 이것이 모략으로서 공격하는 방법이다.

故用兵之法(고용병지법) 병력을 사용하는 방법은

十則圍之(십칙위지) 적군의 10배가 되면 그들을 포위하고,

五則攻之(오칙공지) 5배가 되면 공격하고,

倍則分之(배칙분지) 2배가 되면 적을 분산시켜 공격하고,

敵則能戰之(적칙능전지) 대등할 때는 전력을 다해 싸우고,

少則能逃之(소칙능도지) 병력이 적을 때에는 도망가고,

不若則能避之(부야칙능피지) 상대가 안 되면 피해야 한다.

故小敵之堅(고소적지견) 그러므로 소수의 병력으로는 아무리 견고해도

大敵之擒也(대적지금야) 결국은 강대한 적의 포로가 될 것이다.

夫將者(부장자) 무릇 장수는

國之輔也(국지보야) 국가를 보위한다.

輔周則國必强(보주칙국필강) 보위가 완전하면 국가가 강대해질 것이고,

輔隙則國必弱(보극칙국필약) 보위가 불완전하면 국가가 약화된다.

故君之所以患於軍者三(고군지소이환어군자삼) 그러므로 통치자가 군을 위기에 빠지게 하는 경우가 세 가지 있다.

不知軍之不可以進而謂之進(부지군지부가이진이위지진) 군대가 진격해서는 안 되는데 알지도 못하고 진격하라고 명령하고,

不知軍之不可以退而謂之退(부지군지부가이퇴이위지퇴) 군대가 후퇴해서는 안 되는데 알지도 못하면서 후퇴하라고 명령하면,

是爲縻軍(시위미군) 이것을 재갈물린 군대라고 한다.

不知三軍之事(부지삼군지사) 그리고 전군의 내부사정을 알지도 못하면서

而同三軍之政者(이동삼군지정자) 군정에 간섭하여

則軍士惑矣(칙군사혹의) 군 내부에 혼란을 일으키고,

不知三軍之權(부지삼군지권) 또한 지휘계통을 알지 못하고

而同三軍之任(이동삼군지임) 군령에 간섭하면

則軍士疑矣(칙군사의의) 내부에 불신감을 조성하는 일이다.

三軍旣惑且疑(삼군기혹차의) 통치자가 내부혼란이나 불신감을 초래하게 되면,

則諸侯之難至矣(칙제후지난지의) 다른 제후국의 침략을 받게 될 것이다.

是謂亂軍引勝(시위난군인승) 이를 군을 혼란하게 하여 적의 승리를 끌어 들이는 것이라고 한다.

故知勝有五(고지승유오) 승리를 판단할 수 있는 요소로는 다음 다섯 가지가 있다.

知可以戰與不可以戰者勝(지가이전여부가이전자승) 싸울 수 있는 경우와 싸워서는 안 되는 경우를 아는 자는 승리한다.

識衆寡之用者勝(식중과지용자승) 많은 병력과 적은 병력의 사용법을 아는 자는 승리한다.

上下同欲者勝(상하동욕자승) 상하 동욕이면 승리한다.

以虞待不虞者勝(이우대부우자승) 준비를 갖추어진 상태에서 태만히 하고 있는 적을 기다리면 이긴다.

將能而君不御者勝(장능이군부어자승) 장수가 유능하고 통치자가 간섭하지 않으면 승리한다.

此五者(차오자) 이 다섯 가지가

知勝之道也(지승지도야) 승리를 예측할 수 있는 방법이다.

故曰(고왈) 그러므로

知彼知己(지피지기) 적의 사정을 알고 아군의 사정을 알고 있으면

百戰不殆(백전부태) 백번 싸워도 위태롭지 않다.

不知彼而知己(부지피이지기) 저편의 사정을 알지 못하고, 아군의 사정만을 알고 있으면

一勝一負(일승일부) 한 번은 승리하고 한 번은 패배한다.

不知彼不知己(부지피부지기) 적의 사정과 아군의 사정을 함께 알지 못하면

每戰必殆(매전필태) 전쟁을 할 때마다 반드시 위태롭게 된다.

第四篇 軍形군형

孫子曰(손자왈) 손자가 말했다.

昔之善戰者(석지선전자) 예로부터 전쟁에 능한 자는

先爲不可勝(선위부가승) 먼저 적이 승리하지 못하도록 만전의 태세를 갖추고

以待敵之可勝(이시적지가승) 아군이 승리할 수 있을 때를기다렸다.

不可勝在己(부가승재기) 적이 승리하지 못하도록 하는 것은 나에게 달려 있고,

可勝在敵(가승재적) 내가 승리하는 것은 적에게 달려있다.

故善戰者(고선전자) 그러므로 전쟁을 잘하는 자는

能爲不可勝(능위부가승) 적에게 지지 않도록 할 수는 있지만

不能使敵必可勝(부능사적필가승) 적에게 반드시 승리할 수 있도록 만들 수는 없다.

故曰(고왈) 그러므로

勝可知(승가지) 승리를 알 수 있으나

而不可爲(이부가위) 승리를 만들 수는 없다.

不可勝者(부가승자) 이길 수 없는 자는

守也(수야) 지키고,

可勝者(가승자) 이길 수 있는 자는

攻也(공야) 공격한다.

守則不足(수칙부족) 방어하는 것은 군사력이 부족하기 때문이요.

攻則有餘(공칙유여) 공격하는 것은 군사력이 여유가 있기 때문이다.

善守者(선수자) 방어를 잘 하는 자는

藏於九地之下(장어구지지하) 마치 땅속 깊이 숨은 것과 같고

善攻者(선공자) 공격을 잘하는 자는

動於九天之上(동어구천지상) 마치 높은 하늘 위에서 움직이는 것과 같다.

故能自保而全勝也(고능자보이전승야) 그리하여 스스로 군사력을 보전하고 완전한 승리를 보장 할 수 있다.

見勝不過衆人之所知(견승부과중인지소지) 누가 보아도 쉽게 예측할 수 있는 승리는

非善之善者也(비선지선자야) 최선의 승리가 아니다.

戰勝而天下曰善(전승이천하왈선) 승리를 하여 모든 사람들이 칭찬을 한다 해도

非善之善者也(비선지선자야) 그런 승리는 최선의 승리가 아니다.

故擧秋毫不爲多力(고거추호부위다력) 추호 같은 가벼운 털을 들었다고 힘이 세다고 하지 않으며,

見日月不爲明目(견일월부위명목) 태양이나 달을 보았다고 해서 눈이 밝다고 하지 않고,

聞雷霆不爲聰耳(문뇌정부위총이) 천둥소리를 들었다고 귀가 밝다고 하지 않는 것과 같은 것이다.

古之所謂善戰者(고지소위선전자) 옛날 이른바 전쟁을 잘하는 자란

勝勝易勝者也(승승역승자야) 쉬이 승리할 수 있는 적과 싸워 승리한 자를 가리킨다.

故善戰者之勝也(고선전자지승야) 그래서 전쟁을 잘하는 자는 승리해도

無智名(무지명) 지략과 명성,

無勇功(무용공) 용맹과 공적 따위가 나타나지 않는다.

故其戰勝不忒(고기전승부특) 그래서 그의 전쟁의 승리에는 어긋남이 없고

不忒者(부특자) 한치의 오산도 없다.

其所措必勝(기소조필승) 왜냐하면 그는 이미 전쟁 전에 승리를 보고 있었고

勝已敗者也(승이패자야) 이미 패배한 자와 싸우고 있었기 때문이다.

故善戰者(고선전자) 전쟁을 잘하는 자는

立於不敗之地(립어부패지지) 당초부터 패배하지 않을 태세를 갖추고

而不失敵之敗也(이부실적지패야) 적이 패배할 요소를 포착하는데 실수하지 않는다.

是故勝兵先勝而後求戰(시고승병선승이후구전) 이래서 승리하는 자는 승산이 확실한 뒤에 전쟁을 하고,

敗兵先戰而後求勝(패병선전이후구승) 패배자는 전쟁을 시작한 뒤에 승리를 구한다.

善用兵者(선용병자) 용병을 잘하는 자는

修道而保法(수도이보법) 지도력을 잘 수양하고 법과 제도를 잘 보전한다.

故能爲勝敗之政(고능위승패지정) 그래서 승패를 다스릴 수 있는 능력이 있게 되는 것이다.

兵法(병법) 병법은

一曰度(일왈도) 첫째 지형의 파악

二曰量(이왈량) 둘째 자원의 계산

三曰數(삼왈삭) 셋째 군사의 수

四曰稱(사왈칭) 넷째 전력

五曰勝(오왈승) 다섯째 승리라고 했다.

地生度(지생도) 지형에 따라 국토의 광협이 결정되고,

度生量(도생량) 국토에 따라 자원의 다과가 결정되며,

量生數(량생삭) 자원은 인구의 다소를 결정하며,

數生稱(삭생칭) 인구는 전력의 기초가 된다.

稱生勝(칭생승) 그리고 전력의 강약에 의해서 승리가 결정된다.

故勝兵若以鎰稱銖(고승병야이일칭수) 승리하는 군대는 무거운 일(鎰) 중량으로 가벼운 수(銖) 무게를 누르듯 우세하며,

敗兵若以銖稱鎰(패병야이수칭일) 패전군은 가벼운 수 무게로 무거운 일 중량을 대하듯 열세에 있는 것이다.

勝者之戰民也(승자지전민야) 승리자가 백성을 전쟁에 동원하면

若決積水於千仞之谿者(야결적수어천인지계자) 마치 막아둔 물을 터서 천 길 계곡으로 쏟는 것과 같다.

形也(형야) 군을 그렇게 배치했기 때문이다.

第五篇 兵勢병세

孫子曰(손자왈) 손자가 말했다.

凡治衆如治寡(범치중여치과) 무릇 다수의 병력을 통솔하면 서도 소수의 병력을 통솔하듯 하는 함은

分數是也(분삭시야) 조직과 편제가 있기 때문이다.

鬪衆如鬪寡(투중여투과) 많은 군대와 전투하는 것을 소수의 군대와 전투를 하듯 함은

形名是也(형명시야) 지휘체계(기와 북)를 사용하고 있기 때문이다.

三軍之衆(삼군지중) 전군의 장병이

可使必受敵而無敗者(가사필수적이무패자) 적의 공격을 받고도 패배하지 않는 것은

奇正是也(기정시야) 기습공격과 정공법을 적절하게 운용하고 있기 때문이다.

兵之所加(병지소가) 전투가 전개되어

如以碫投卵者(여이하투난자) 마치 바위로 계란을 치듯 하는 것은

虛實是也(허실시야) 실로 허를 치기 때문이다.

凡戰者(범전자) 무릇 전쟁은

以正合(이정합) 정공법으로 대결하고

以奇勝(이기승) 기습으로써 승리한다.

故善出奇者(고선출기자) 기습작전을 잘 쓰는 것은

無窮如天地(무궁여천지) 천지와 같이 무궁하고

不竭如江河(부갈여강하) 강물처럼 마르지 않는다.

終而復始(종이복시) 끝났는가 하면 다시 시작되는 것은

日月是也(일월시야) 마치 해와 달이 지는가 하면 다시 뜨는 것과 같으며,

死而復生(사이복생) 죽은 것이 다시 살아나는 것은

四時是也(사시시야) 마치 네 계절이 다시 시작되는 것과 같다.

聲不過五(성부과오) 음계는 다섯 가지에 불과하지만

五聲之變(오성지변) 5가지 소리의 변화는

不可勝聽也(부가승청야) 헤아릴 수 없어 다 들을 수 없고,

色不過五(색부과오) 원색은 5가지에 불과하지만

五色之變(오색지변) 그것의 변화는

不可勝觀也(부가승관야) 헤아릴 수 없어 다 볼 수 없는 것이며,

味不過五(미부과오) 맛의 기본은 5가지에 불과하지만

五味之變(오미지변) 5가지 맛의 변화는

不可勝嘗也(부가승상야) 다 맛 볼 수 없는 것이다.

戰勢不過奇正(전세부과기정) 전세의 기본은 정공법과 기공법에 불과하지만

奇正之變(기정지변) 기정의 변화는

不可勝窮也(부가승궁야) 다 헤아릴 수 없는 것이다.

奇正相生(기정상생) 기공법과 정공법이 상생하는 것은

如循環之無端(여순환지무단) 그 형태가 끝없이 순환하는 것과 같아

孰能窮之(숙능궁지) 누가 그 끝에 이를 것인가?

激水之疾(격수지질) 세차게 부딪쳐 흐르는 빠른 물이

至於漂石者(지어표석자) 돌까지 뜨게 하는 것은

勢也(세야) 기세가 때문이다.

鷙鳥之疾(지조지질) 사나운 새가 빠름이

至於毁折者(지어훼절자) 그 뼈를 부수고 날개를 꺾는 것은

節也(절야) 절도가 있기 때문이다.

是故善戰者(시고선전자) 그래서 전쟁을 잘하는 자는

其勢險(기세험) 그 기세가 험하고

其節短(기절단) 그 절도가 짧다.

勢如彍弩(세여확노) 그 기세는 활시위를 팽팽하게 당긴 것과 같고,

節如發機(절여발기) 절도는 화살이 발사되는 것과 같다.

紛紛紜紜(분분운운) 어지럽게 헝클어져서

鬪亂而不可亂也(투난이부가난야) 전투가 혼란하여도 흐트러지지 않고,

渾渾沌沌(혼혼돈돈) 뒤섞이고 혼전이 되어

形圓而不可敗也(형원이부가패야) 적의 진형에 포위되어도 패배하지 않는다.

亂生於治(난생어치) 혼란은 질서에서,

怯生於勇(겁생어용) 겁은 용기에서,

弱生於彊(약생어강) 약함은 강함에서 각각 비롯된다.

治亂(치난) 혼란과 질서는

數也(삭야) 군의 조직과 편성의 문제이며,

勇怯(용겁) 비겁하거나 용감한 것은

勢也(세야) 군의 세에 달려있고,

强弱(강약) 약하고 강하고는

形也(형야) 형태에 달려 있다.

故善動敵者(고선동적자) 그러므로 적을 능숙하게 조종할 줄 아는 것은

形之(형지) 형태에 달려있다.

敵必從之(적필종지) 적으로 하여금 말려들게 하고,

予之(여지) 적에게 무엇인가 주어

敵必取之(적필취지) 그것을 취하려고 덤비도록 하는 것이다.

以利動之(이리동지) 이익을 보여주어 움직이게 하며

以卒待之(이졸대지) 복병으로 기다리는 것이다.

故善戰者(고선전자) 그러므로 전쟁을 잘하는 자는

求之於勢(구지어세) 승리를 세에서 찾고

不責於人(부책어인) 사람에게 책임을 묻지 않는다.

故能擇人而任勢(고능택인이임세) 따라서 인재를 선택하여 적재적소에 배치하고

任勢者(임세자) 세에 맡기는 것이다.

其戰人也(기전인야) 세에 의해 작전을 하는 자는

如轉木石(여전목석) 사람을 다루되 통나무나 돌을 굴리는 것처럼 하는 것이다.

木石之性(목석지성) 통나무나 돌의 성질은

安則靜(안칙정) 안치해 두면 정지하고 있으나

危則動(위칙동) 경사지에 두면 움직인다.

方則止(방칙지) 모나면 정지하고

圓則行(원칙항) 둥글면 굴러간다.

故善戰人之勢(고선전인지세) 그러므로 전쟁을 잘하는 사람이 이용하는 세는

如轉圓石於千仞之山者(여전원석어천인지산자) 둥근 돌을 천길 높이의 산에서 굴리는 것과 같다.

勢也(세야) 이것이 세이다.

第六篇 虛實허실

孫子曰(손자왈) 손자가 말했다.

凡先處戰地而待敵者佚(범선처전지이대적자일) 전쟁터에서 먼저 자리를 잡고 적을 기다리는 군대는 편안하고,

後處戰地而趨戰者勞(후처전지이추전자노) 뒤늦게 싸움터에 달려가는 군대는 피로하다.

故善戰者(고선전자) 그러므로 전쟁을 잘하는 자는

致人而不致於人(치인이부치어인) 적을 조종하되 적에게 조종당하지지 않는다.

能使敵人自至者(능사적인자지자) 적군으로 하여금 스스로 공격해 오도록 하려면

利之也(리지야) 이익을 보여주어야 하고,

能使敵人不得至者(능사적인부득지자) 적군으로 하여금 오지 못하도록 하려면

害之也(해지야) 피해가 있다는 것을 시사해야 한다.

故敵佚能勞之(고적일능노지) 그러므로 적이 편안히 휴식을 취하고 있으면 계속하여 그들을 피로하게 만들고,

飽能飢之(포능기지) 배부르게 먹고 있으면 그들을 굶주리게 하며,

安能動之(안능동지) 안정되어 있으면 동요하도록 하고,

出其所必趨(출기소필추) 적의 수비가 약한 곳을 공격하며,

趨其所不意(추기소부의) 뜻하지 않은 곳을 습격한다.

行千里而不勞者(항천리이부노자) 천리행군을 해도 피로하지 않

은 것은

行於無人之地也(항어무인지지야) 저항하는 적이 없는 곳을 가기 때문이다.

攻而必取者(공이필취자) 공격하여 반드시 탈취하는 것은

攻其所不守也(공기소부수야) 그들이 지키지 않는 곳을 공격하기 때문이다.

守而必固者(수이필고자) 방어가 견고한 것은

守其所不攻也(수기소부공야) 적이 공격할 수 없는 곳을 지키기 때문이다.

故善攻者(고선공자) 그래서 공격에 능숙한 자는

敵不知其所守(적부지기소수) 적이 어디를 방어해야 할지 모르게 하고,

善守者(선수자) 방어를 잘하는 자는

敵不知其所攻(적부지기소공) 적이 어디를 공격해야 할지 모르게 한다.

微乎微乎(미호미호) 이러한 태도는 미묘하여

至於無形(지어무형) 눈에 보이지 않으며,

神乎神乎(신호신호) 신비하고 신비하여

至於無聲(지어무성) 소리가 나지 않는다.

故能爲敵之司命(고능위적지사명) 그리하여 적의 운명을 장악할 수가 있는 것이다.

進而不可禦者(진이부가어자) 적이 아군의 공격을 방어하지 못하는 것은

衝其虛也(충기허야) 그 허점을 찌르기 때문이요,

退而不可追者(퇴이부가추자) 이편이 철수할 때 추격하지 못하는 것은

速而不可及也(속이부가급야) 그 행동이 신속하여 뒤쫓지 못하기 때문이다.

故我欲戰(고아욕전) 그러므로 아군이 교전을 하고 싶을 경우에는

敵雖高壘深溝(적수고누심구) 적이 비록 요새 안에서 교전을 거부한다 하더라도

不得不與我戰者(부득부여아전자) 응전하지 않을 수 없는 것은

攻其所必救也(공기소필구야) 그들이 반드시 구하지 않으면 안 될 곳을 공격하기 때문이다.

我不欲戰(아부욕전) 아군이 교전을 원치 않을 때는

畫地而守之(화지이수지) 비록 땅 위에 선을 그어놓고 지키고 있 하더라도

敵不得與我戰者(적부득여아전자) 적이 도전해 오지 못하는 것은

乖其所之也(괴기소지야) 그들의 도모하는 바를 이루지 못하도록 방향을 바꾸어 놓았기 때문이다.

故形人而我無形(고형인이아무형) 그러므로 적의 진형은 드러나게 하고 아군의 진형은 안보이게 한다.

則我專而敵分(칙아전이적분) 즉, 아군은 집중하고 적은 분산한다.

我專爲一(아전위일) 아군은 하나로 집중하고

敵分爲十(적분위십) 적군은 10으로 분산하면

是以十共其一也(시이십공기일야) 열 사람이 한 사람을 공격하는 것이 된다.

則我衆而敵寡(칙아중이적과) 즉, 아군은 수가 많고 적병은 적어지게 된다.

能以衆擊寡者(능이중격과자) 이렇듯이 많은 수의 아군으로 과부족인 적을 공격하면

則吾之所與戰者(칙오지소여전자) 아군과 싸워야 할 적은

約矣(약의) 곤경에 매이게 된다.

吾所與戰之地(오소여전지지) 아군이 공격할 장소를

不可知(부가지) 적이 모르게 하라.

不可知(부가지) 모르고 있으면

則敵所備者多(칙적소비자다) 적은 수비할 곳이 많아진다.

敵所備者多(적소비자다) 적이 수비할 곳이 많아지면

則吾之所戰者(칙오지소전자) 병력이 분산되므로 아군과 싸울 적의 수가

寡矣(과의) 적어지게 된다.

故備前則後寡(고비전칙후과) 전면의 대비는 후면의 약화를 초래할 것이요.

備後則前寡(비후칙전과) 후면의 수비는 전면을 소홀히 할 수밖에 없는 것이다.

備左則右寡(비좌칙우과) 좌측의 대비는 우측의 약화를 초래할 것이요.

備右則左寡(비우칙좌과) 우측의 수비는 좌측을 소홀히 할 수밖에 없는 것이다.

無所不備(무소부비) 전후좌우를 전부 방어하려면

則無所不寡(칙무소부과) 어느 곳이나 병력이 적어질 수밖에 없다.

寡者備人者也(과자비인자야) 적이 적은 이유는 아군을 수비를 해야 하기 때문이다.

衆者使人備己者也(중자사인비기자야) 아군이 많은 이유는 적으로 하여금 아군을 방비하게 만들기 때문이다.

故知戰之地(고지전지지) 그러므로 전투할 곳이나

知戰之日(지전지일) 그 시기를 알고 있으면

則可千里而會戰(칙가천리이회전) 천리의 먼 곳에서 회전하여도 좋지만

不知戰地(부지전지) 싸울 곳을 알지 못하고

不知戰日(부지전일) 시기를 알지 못하면

則左不能救右(칙좌부능구우) 좌측은 우측을 구원하지 못할 것이고,

右不能救左(우부능구좌) 우측은 좌측을 구원하지 못할 것이다.

前不能救後(전부능구후) 전면은 후면을 구원하지 못하고,

後不能救前(후부능구전) 후면은 전면을 구원할 수 없는 것이다.

而況遠者數十里(이황원자삭십리) 하물며 먼 곳은 수십 리,

近者數里乎(근자삭리호) 가까운 곳도 수 리 밖에 있는 아군에 대해서는 더 말할 것도 없다.

以吾度之(이오도지) 내 생각으로 적군이 비록 많다고는 하지만

越人之兵雖多(월인지병수다) 그들은 결코 전쟁의 승패에 어떠한 영향도 끼치지 못할 것이다.

亦奚益於勝敗哉(역해익어승패재) 따라서 아군의 승리가 당연지 않겠는가?

故曰(고왈) 그러므로 말하기를

勝可爲也(승가위야) 승리는 가능한 것이니

敵雖衆(적수중) 적이 비록 다수라 할지라도

可使無鬥(가사무두) 병력을 분산시킬 수만 있다면 전쟁을 하지 못하도록 만들 수도 있는 것이다

故策之而知得失之計(고책지이지득실지계) 그러므로 적정을 정찰하여 이해득실을 계산하고,

作之而知動靜之理(작지이지동정지리) 적군을 자극하여 그 반응을 보아 그들의 동정을 파악해야 하는 것이다.

形之而知死生之地(형지이지사생지지) 적군의 명확한 태세를 조

사하여 그들이 패배할 지세와 패배하지 않을 지리를 얻고 있는가를 파악해야 하며,

角之而知有餘不足之處(각지이지유여부족지처) 적군과 충돌을 일으켜 보아 병력의 우세한 곳과 부족한 곳을 알아야 하는 것이다

故形兵之極(고형병지극) 군의 형태의 극치는

至於無形(지어무형) 무형에 이르는 것이다.

無形則深間不能窺(무형칙심간부능규) 무형이 되면 잠입한 간첩도 정상을 탐지하지 못할 것이며,

智者不能謀(지자부능모) 지모가 있는 자도 전략을 꾸밀 수 없는 것이다.

因形而錯勝於衆(인형이착승어중) 그 무형으로 인하여 백성 앞에서 이겼다하더라도

衆不能知(중부능지) 백성들은 알지를 못한다.

人皆知我所以勝之形(인개지아소이승지형) 사람들은 모두 자기편이 승리한 때의 군의 형태는 알고 있으나,

而莫知吾所以制勝之形(이막지오소이제승지형) 어떤 방법으로 승리를 획득할 수 있었는지는 알지 못한다.

故其戰勝不復(고기전승부복) 그러므로 한 번 사용한 승리의 방법을 되풀이해서는 안 되고,

而應形於無窮(이응형어무궁) 적의 형태에 따라 무궁무진한 전략전술의 변화로써 대응해야 하는 것이다.

夫兵形象水(부병형상수) 무릇 군의 형태는 물과 같아야 한다.

水之行(수지행) 물의 운행은

避高而趨下(피고이추하) 높은 곳을 피하고 아래로 흐르기 마련이다.

兵之形(병지형) 군의 형태도

避實而擊虛(피실이격허) 적의 충실한 점을 피하고 허점을 공격해

야 한다.

水因地而制流(수인지이제류) 물은 지형에 따라 흐름의 형태가 정하여진다.

兵因敵而制勝(병인적이제승) 군도 상황에 따라 승리의 방법을 통제하여 변화시켜야 한다.

故兵無常勢(고병무상세) 그러므로 군의 형태는 언제나 유동하고

水無常形(수무상형) 물도 언제나 고정하는 법이 없는 것이다.

能因敵變化而取勝者(능인적변화이취승자) 상황에 따라 변화하며 승리를 획득하는 것

謂之神(위지신) 이것을 신기라 한다.

故五行無常勝(고오항무상승) 오행은 언제나 유동하는 것이며,

四時無常位(사시무상위) 네 계절은 언제나 변화하여 고정하는 법이 없는 것이다.

日有短長(일유단장) 해도 길고 짧음이 있고,

月有死生(월유사생) 달도 보름달과 초승달처럼 죽고 삶이 있는 것이다.

第七篇 軍爭군쟁

孫子曰(손자왈) 손자가 말했다.

凡用兵之法(범용병지법) 대체로 용병은

將受命於君(장수명어군) 장수가 통수권자의 명령을 받으면

合軍聚衆(합군취중) 군대를 소집하여

交和而舍(교화이사) 적과 진영을 맞대고 주둔하게 된다.

莫難於軍爭(막난어군쟁) 유리한 조건을 다투는 일보다 어려운 일은 없다.

軍爭之難者(군쟁지난자) 군쟁의 어려운 점은

以迂爲直(이우위직) 우회함으로써 직행하여 앞지르고

以患爲利(이환위리) 해로운 것으로써 도리어 이로운 것을 만드는 일이다.

故迂其途(고우기도) 그리하여 일부러 길을 우회하며

而誘之以利(이유지이리) 유리함을 주는 듯이 하여 적을 유혹하고

後人發(후인발) 남보다 뒤에 출발하여

先人至(선인지) 남보다 먼저 도착한다면

此知迂直之計者也(차지우직지계자야) 이것은 우직지계를 아는 자이다.

故軍爭爲利(고군쟁위리) 그러므로 군대가 유리한 자리를 경쟁하는 것은 이익이 될 수도 있고

軍爭爲危(군쟁위위) 해로움이 될 수도 있다.

擧軍而爭利(거군이쟁리) 모든 군대를 통제하여 유리한 곳을 차지하기 위해 경쟁하는 것은

則不及(칙부급) 오히려 늦어질 수 있다.

委軍而爭利(위군이쟁리) 개별 지휘관에게 위임하여 경쟁시키면

則輜重捐(칙치중연) 치중을 운반하는 부대는 뒤에 버려질 것이다.

是故卷甲而趨(시고권갑이추) 이런 까닭에 갑옷을 걷어붙이고 급히 달려가기를

日夜不處(일야부처) 밤낮을 쉬지 않고

倍道兼行(배도겸항) 배 이상으로 행군하여

百里而爭利(백리이쟁리) 백 리를 가서 이익을 쟁취하려고 하면,

則擒三將軍(칙금삼장군) 3군의 장군이 포로가 된다.

勁者先(경자선) 강한 병사는 먼저 가지만

罷者後(파자후) 피로한 병사는 뒤쳐진다.

其法十一而至(기법십일이지) 이러한 운용법으로는 군사의 10분의 1도 목적지에 도착하지 못할 것이다.

五十里而爭利(오십리이쟁리) 50리 거리를 경쟁하여 이동하여 이익을 쟁취하려고 하면

則蹶上將軍(칙궐상장군) 상장군이 넘어지고

其法半至(기법반지) 도착한 군대는 반 정도로 감소될 것이다.

三十里而爭利(삼십리이쟁리) 30리 거리를 경쟁하여 이동하여 선제의 이익을 쟁취하려고 하면

則三分之二至(칙삼분지이지) 군대의 3분의 2정도만 도착할 것이다.

是故軍無輜重則亡(시고군무치중칙망) 그러므로 군대에 수송 보급이 없으면 패망하고,

無糧食則亡(무량식칙망) 식량이 없으면 패망하고,

無委積則亡(무위적칙망) 쌓아둔 물자가 없으면 패망한다.

故不知諸侯之謀者(고부지제후지모자) 그러므로 제후의 책모를 모르는 자는

不能豫交(부능예교) 미리 외교교섭을 맺지 못하고,

不知山林險阻沮澤之形者(부지산림험조저택지형자) 산림의 험준함과 습지대의 지형을 모르는 자는

不能行軍(부능항군) 군대를 행군시키지 못하고,

不用鄕導者(부용향도자) 지형을 잘 아는 토착의 안내자를 사용하지 못하는 자는

不能得地利(부능득지리) 지리적인 이익을 얻을 수 없는 것이다.

故兵以詐立(고병이사립) 전쟁은 적을 기만하는 것으로써 성립하고,

以利動(이리동) 유리한 방향에 좇아 행동하는 것이다.

以分合爲變者也(이분합위변자야) 병력을 분산시키거나 통합하는 등 수시로 변화해야 하는 것이다.

故其疾如風(고기질여풍) 그러므로 그 행동의 빠르기는 질풍과 같고,

其徐如林(기서여림) 서행하기는 숲처럼 고요하고,

侵掠如火(침략여화) 침략은 불처럼 기세가 왕성하고,

不動如山(부동여산) 움직이지 않는 것은 산처럼 진중하고,

難知如陰(난지여음) 숨기는 어둠처럼 안보이게 하고,

動如雷霆(동여뇌정) 움직일 때는 우레처럼 거세다.

掠鄕分衆(략향분중) 적에게서 약탈한 노획물은 분배해 주고,

廓地分利(곽지분리) 영토를 확장하여 얻은 이익을 분배하고,

懸權而動(현권이동) 상황판단에 따라 행동하되,

先知迂直之計者勝(선지우직지계자승) 우직의 전략을 먼저 알고 있는 자가 승리한다.

此軍爭之法也(차군쟁지법야) 이것이 군쟁의 법칙이다.

軍政曰(군정왈) 군정이라는 병서에 기록되어 있기를

言不相聞(언불상문) 말이 서로 들리지 않기 때문에

故爲鼓鐸(고위고탁) 그래서 북과 징을 치며,

視不相見(시불상견) 보려고 해도 보이지 않기 때문에

故爲旌旗(고위정기) 그래서 깃발을 사용한다고 한다.

夫金鼓旌旗者(부금고정기자) 징이나 북, 깃발을 사용하는 것은

所以一民之耳目也(소이일민지이목야) 병력의 이목을 통제하기 위한 방법이다.

民旣專一(민기전일) 병력이 통제되면

則勇者不得獨進(칙용자부득독진) 비록 용감한 자라 하더라도 단독으로 전진하지 못할 것이고,

怯者不得獨退(겁자부득독퇴) 비겁한 자도 혼자서 도주하지는 못할 것이다.

此用衆之法也(차용중지법야) 이것이 군대를 통솔하는 방법이다.

故夜戰多火鼓(고야전다화고) 야간에는 횃불과 북을 많이 쓰고

晝戰多旌箕(주전다정기) 주간에는 깃발을 많이 사용한다.

所以變民之耳目也(소이변민지이목야) 이런 까닭은 병력의 귀와 눈이 변하기 때문이다.

故三軍可奪氣(고삼군가탈기) 따라서 이 방법으로 적군의 사기를 저하시키고,

將軍可奪心(장군가탈심) 적장의 마음을 뺏을 수 있는 것이다.

是故朝氣銳(시고조기예) 이런 고로 군대는 아침에는 기력이 왕성하고,

晝氣惰(주기타) 낮에는 해이하며,

暮氣歸(모기귀) 저녁에는 나태해지는 법이다.

故善用兵者(고선용병자) 전투에 능한 자는

避其銳氣(피기예기) 그 왕성한 때를 회피하고

擊其惰歸(격기타귀) 나태했을 때 공격한다.

此治氣者也(차치기자야) 이것이 기를 다스리는 방법이다.

以治待亂(이치대난) 잘 정비된 군대로써 혼란스러운 군대를 대적하고,

以靜待嘩(이정대화) 엄숙한 군기를 가지고 적의 해이함을 공격한다.

此治心者也(차치심자야) 이는 심리를 다스리는 방법이다.

以近待遠(이근대원) 가까운 곳에서 원정해 오는 적군을 기다리며,

以佚待勞(이일대노) 편안한 자세로 적군이 피로해지기를 기다리고,

以飽待飢(이포대기) 포식한 뒤 적군의 굶주림을 기다린다.

此治力者也(차치력자야) 이것이 체력을 다스리는 방법이다.

無要正正之旗(무요정정지기) 적의 깃발이 질서 정연하면 이를 맞이하여 싸우지 않으며,

勿擊堂堂之陣(물격당당지진) 군진의 기세가 당당한 적군은 공격하지 않는다.

此治變者也(차치변자야) 이것이 상황의 변화에 잘 대처하는 것이다.

故用兵之法(고용병지법) 그러므로 군대를 운용하는 법은

高陵勿向(고능물향) 고지를 점령하고 있는 적을 향하여 싸우지 말고,

背邱勿逆(배구물역) 언덕을 등지고 있는 적을 맞이하여 싸우지 말며,

佯北勿從(양배물종) 거짓 도망치는 적을 쫓아가지 말고,

銳卒勿攻(예졸물공) 사기왕성한 부대를 공격하지 말며,

餌兵勿食(이병물식) 미끼처럼 아군을 유인하는 적과는 교전하지 말고,

歸師勿遏(귀사물알) 귀국하는 부대를 가로막지 말며,

圍師必闕(위사필궐) 적군을 포위할 때는 반드시 퇴로를 열어 주고,

窮寇勿迫(궁구물박) 궁지에 몰린 적은 최후까지 공격하지 않는다,

此用兵之法也(차용병지법야) 이것이 군사들을 다스리는 방법이다.

第八篇 九變구변

孫子曰(손자왈) 손자가 말했다.

凡用兵之法(범용병지법) 무릇 전쟁을 수행하는 방법은

將受命於君(장수명어군) 장수가 군주의 명령을 받아

合軍聚衆(합군취중) 백성을 징집하여 군대를 편성하되,

圮地無舍(비지무사) 행동이 곤란한 곳에는 주둔하지 말아야 하며,

衢地合交(구지합교) 외국 세력이 있는 곳에서는 외교관계를 잘 맺어야 하며,

絶地無留(절지무류) 본국과의 연락이 어려운 곳에서는 머무르지 않아야 하며,

圍地則謀(위지칙모) 사방이 둘러싸인 지형에서는 조속히 빠져나갈 책모를 세우며,

死地則戰(사지칙전) 사지에서는 죽기 살기로 전투를 해야한다.

塗有所不由(도유소부유) 길도 가서는 안 되는 길이 있고,

軍有所不擊(군유소부격) 적도 싸워서는 안 되는 적이 있고,

城有所不攻(성유소부공) 성에도 공격하여서는 안 되는 성이 있고,

地有所不爭(지유소부쟁) 땅에도 다투어서는 안 되는 땅이 있고,

君命有所不受(군명유소부수) 군주의 명령에도 받아들이지 않아야 할 명령이 있다.

故將通於九變之利者(고장통어구변지리자) 그러므로 장수가 9가지 변화를 통달하고 있으면

知用兵矣(지용병의) 용병에 능란하다 할 수 있다.

將不通於九變之利(장부통어구변지리) 장수로서 9가지 변화에 통달하지 못한 자는

雖知地形(수지지형) 비록 지형을 알고 있다 하더라도

不能得地之利矣(부능득지지리의) 지세의 이익을 얻지 못할 것이다.

治兵不知九變之術(치병부지구변지술) 군을 통솔함에 있어 9가지 변화 술을 활용하지 못하면,

雖知五利(수지오리) 비록 5가지 이익을 알고 있더라도

不能得人之用矣(부능득인지용의) 군대를 충분히 다루지 못할 것이다.

是故智者之慮(시고지자지려) 그러므로 지혜 있는 자의 생각은

必雜於利害(필잡어리해) 반드시 이익과 손해를 아울러 참작해야 한다.

雜於利(잡어리) 이익을 계산해 두면

而務可信也(이무가신야) 하는 일에 소신을 가질 수 있고,

雜於害(잡어해) 손실을 계산해 두면

而患可解也(이환가해야) 환란을 방지할 수 있을 것이다.

是故屈諸侯者以害(시고굴제후자이해) 그래서 적국을 굴복시키려면 불리한 상태에 빠지게 하고,

役諸侯者以業(역제후자이업) 그들을 이용하려면 일을 일일으키고,

趨諸侯者以利(추제후자이리) 그들을 달려 나오게 하려면 이익을 보여주는 것이다.

故用兵之法(고용병지법) 그러므로 용병의 방법은

無恃其不來(무시기부내) 적이 오지 않으리라고 믿지 말고,

恃吾有以待也(시오유이대야) 자신의 대비를 믿어야 한다.

無恃其不攻(무시기부공) 적이 공격하지 않으리라고 믿을 것이 아니라,

恃吾有所不可攻也(시오유소부가공야) 공격해 오지 못하도록 하는 방어태세를 믿어야 하는 것이다.

故將有五危(고장유오위) 그래서 장수에게 다섯 가지 위험이 있다.

必死可殺也(필사가살야) 필사적으로 싸우는 자는 죽기 마련이다.

必生可虜也(필생가노야) 기어코 살겠다는 자는 포로가 되기 마련이다.

忿速可侮也(분속가모야) 성미가 급한 자는 모욕을 당하기 마련이다.

廉潔可辱也(렴결가욕야) 청렴결백한 자는 치욕을 당하기 마련이다.

愛民可煩也(애민가번야) 인간을 너무 사랑하면 그 때문에 번민하기 마련이다.

凡此五者(범차오자) 대체로 이 다섯 가지는

將之過也(장지과야) 장수의 과실이요.

用兵之災也(용병지재야) 전쟁에 있어 재난이 된다.

覆軍殺將(복군살장) 군대를 멸망시키고 장수를 죽게 하는 것은

必以五危(필이오위) 반드시 이 다섯 가지 위험에서 비롯하는 것이니

不可不察也(부가부찰야) 경계하지 않을 수 없다.

第九篇 行軍행군

孫子曰(손자왈) 손자가 말했다.

凡處軍相敵(범처군상적) 무릇 전투는 아군의 군진을 정비한 다음 적정을 관찰한다.

絶山依谷(절산의곡) 산을 넘을 경우에는 계곡을 의지해야 하며,

視生處高(시생처고) 전망이 트인 고지를 점거해야 한다.

戰隆無登(전륭무등) 적이 고지에 있으면 올라가지 말아야 한다.

此處山之軍也(차처산지군야) 이것이 산악전의 원칙이다.

絶水必遠水(절수필원수) 물을 건너면 반드시 물에서 멀리 떨어져야 한다.

客絶水而來(객절수이내) 적이 물을 건너오면

勿迎之於水內(물영지어수내) 물속에서 대적할 것이 아니라

令半濟而擊之利(령반제이격지리) 반쯤 건너온 뒤에 공격하는 편이 유리하다.

欲戰者(욕전자) 공격하려고 할 경우에는

無附於水而迎客(무부어수이영객) 물가에 다가가지 않고 적을 맞아야 한다.

視生處高(시생처고) 살 곳을 보고 높은 곳에 진을 치고,

無迎水流(무영수류) 물의 흐름을 맞이하여 싸우지 않아야 한다.

此處水上之軍也(차처수상지군야) 이것이 물에서 전투하는 원칙이다.

絶斥澤(절척택) 소택지는

惟亟去無留(유극거무류) 가급적 빨리 지나가고 머물러서는 안 된다.

若交軍於斥澤之中(야교군어척택지중) 부득이 소택지에서 싸울 경우에는

必依水草(필의수초) 반드시 수초에 의지하고

而背衆樹(이배중수) 숲을 등져야 한다.

此處斥澤之軍也(차처척택지군야) 이것이 소택지에서 전투하는 원칙이다.

平陸處易(평륙처이) 평지는 편리한 곳에 진을 치고,

而右背高(이우배고) 오른편 높은 곳을 등지며,

前死後生(전사후생) 낮은 지형을 앞으로 하고 높은 지형을 등지고 있어야 한다.

此處平陸之軍也(차처평륙지군야) 이것이 평지에서 전투하는 원칙이다.

凡此四軍之利(범차사군지리) 이 4가지 유리한 방법은

黃帝之所以勝四帝也(황제지소이승사제야) 옛날 황제가 사방의 왕들과 싸워 승리를 거둔 방법이다.

凡軍喜高而惡下(범군희고이오하) 무릇 군대에게는 높은 곳은 좋으나 낮은 곳은 좋지 않고,

貴陽而賤陰(귀양이천음) 양지는 좋으나 음지는 좋지 않은 법이다.

養生而處實(양생이처실) 양생에 도움이 될 곳을 점령하면

軍無百疾(군무백질) 군대에는 아무런 질병도 발생하지 않을 것이다.

是謂必勝(시위필승) 이것을 필승의 군대라고 한다.

邱陵隄防(구능제방) 언덕이나 둑이 있는 곳에서는

必處其陽(필처기양) 반드시 양지쪽에 자리 잡고,

而右背之(이우배지) 오른쪽을 등 뒤에 둔다.

此兵之利(차병지리) 이것이 전쟁을 유리하게 하는 데

地之助也(지지조야) 지형을 이용하는 방법이다.

上雨(상우) 상류에 비가 내려

水沫至(수말지) 물거품이 내려올 때,

欲涉者(욕섭자) 부득이 그곳을 건너야 한다면

待其定也(대기정야) 안정될 때까지 기다려야 한다.

凡地有絶澗(범지유절간) 무릇 지형에는 위험한 곳으로 절벽에 둘러싸인 깊은 계곡이 있고,

天井(천정) 사방이 높고 가운데는 낮아 물이 고이는 우물 같은 분지,

天牢(천뇌) 험준하여 감옥과 같은 곳,

天羅(천나) 그물처럼 초목이 울창한 움직일 수 없는 숲,

天陷(천함) 함정처럼 통행할 수가 없는 늪지대,

天隙(천정천뇌천나천함천극) 험한 골짜기가 있다.

必亟去之(필극거지) 이와 같이 위험한 곳은 반드시 빨리 통과하며,

勿近也(물근야) 가까이 해서는 안 된다.

吾遠之(오원지) 아군은 그러한 곳을 멀리하되

敵近之(적근지) 적은 가까이 하도록 하며,

吾迎之(오영지) 아군 편에서는 그러한 곳을 마주하고,

敵背之(적배지) 적은 그러한 곳을 등지도록 해야 한다.

軍旁(군방) 군대의 주둔지 곁에

有險阻蔣潢(유험조장황) 험준한 산지가 있거나

井生葭葦(정생가위) 수초가 우거진 택지가 있거나 갈대가 무성하게 나있다

山林翳薈(산림예회) 산림이 우거져 가리어진 곳이 있으면

必謹覆索之(필근복삭지) 반드시 조심해서 반복 수색한다.

此伏姦之所處也(차복간지소처야) 그런 곳에는 반드시 복병 있기 때문이다.

敵近而靜者(적근이정자) 적이 가까이 있어도 조용한 것은

恃其險也(시기험야) 지형의 험준함을 믿고 있기 때문이다.

遠而挑戰者(원이도전자) 멀리 포진하고서도 자주 도발하여 오는 것은

欲人之進也(욕인지진야) 아군의 공격을 유도하기 위함이다.

其所居者(기소거자) 적이 주둔한 곳이

易利也(이리야) 평이한 곳에 있는 것은 이득이 있기 때문이다.

衆樹動者(중수동자) 많은 숲이 움직이는 것은

來也(내야) 적이 오고 있기 때문이다.

衆草多障者(중초다장자) 풀이 우거진 곳에 많은 장애물을 설치한 것은

疑也(의야) 의혹을 불러일으키려는 것이다.

鳥起者(조기자) 새들이 날아오르는 것은

伏也(복야) 복병이 있기 때문이다.

獸駭者(수해자) 짐승들이 놀라 달아나는 것도

覆也(복야) 복병이 있기 때문이다.

塵高而銳者(진고이예자) 먼지가 높이 치솟고 있는 것은

車來也(거내야) 전차대가 오고 있기 때문이다.

卑而廣者(비이광자) 흙먼지가 낮고 넓게 깔리는 것은

徒來也(도내야) 보병이 다가오고 있는 것이다.

散而條達者(산이조달자) 먼지가 산발적으로 일고 있는 것은

樵採也(초채야) 땔나무를 구하고 있는 것이다.

少而往來者(소이왕내자) 먼지가 오가고 있는 것은

營軍也(영군야) 숙영 준비를 하고 있는 것이다.

辭卑而益備者(사비이익비자) 적의 말씨는 겸손한데 방어에 진력하고 있다는 것은

進也(진야) 공격준비를 하고 있는 것이다.

辭詭而强進驅者(사궤이강진구자) 어조가 강경하며 진격 태세를 취하는 것은

退也(퇴야) 철수하려는 것이다.

輕車先出居其側者(경거선출거기측자) 경전차가 먼저 나와 측면에 배치되는 것은

陳也(진야) 진을 치고 있기 때문이다.

無約而請和者(무약이청화자) 돌연 강화를 요청해 오는 것은

謀也(모야) 음모가 있다.

奔走而陳兵車者(분주이진병거자) 적이 분주하게 뛰어다니며 전차를 배치하고 있는 것은

期也(기야) 결전을 준비하고 있는 것이다.

半進半退者(반진반퇴자) 적이 조금씩 전진후퇴를 거듭하는 것은

誘也(유야) 아군을 유인하기 위해서이다.

倚仗而立者(의장이립자) 지팡이에 의지하고 서 있는 것은

飢也(기야) 굶주렸다는 증거이다.

汲而先飮者(급이선음자) 물을 길러 나와서 자기가 먼저 물을 마시는 것은

渴也(갈야) 식수난에 빠졌기 때문이다.

見利而不進者(견리이부진자) 이익을 보여주어도 진격해 오지 않는 것은

勞也(노야) 피로했기 때문이다.

鳥集者(조집자) 적진 위에 새들이 모여 있는 것은

虛也(허야) 비어있기 때문이다.

夜呼者(야호자) 한밤중에 큰 소리로 서로 부르는 것은,

恐也(공야) 공포에 싸여 있기 때문이다.

軍擾者(군요자) 군영이 어지러운 것은

將不重也(장부중야) 장군에게 위엄이 없다는 것이다.

旌旗動者(정기동자) 군기가 함부로 움직이는 것은

亂也(난야) 난동이 일어났기 때문이다.

吏怒者(리노자) 지휘관이 마구 성내어 소리치는 것은

倦也(권야) 군이 지쳐 있기 때문이다.

粟馬肉食(속마육식) 말을 잡아먹는 것은

軍無糧也(군무량야) 군량이 바닥이 났기 때문이다.

不返其舍者(부반기사자) 취사도구를 막사로 다시 반입하지 않는 것은

窮寇也(궁구야) 궁지에 몰린 것이다.

諄諄翕翕(순순흡흡) 지휘자가 간곡하고도 장황하게

徐與人言者(서여인언자) 병사에게 부드럽게 말하는 것은

失衆也(실중야) 신망을 잃었기 때문이다.

屢賞者(루상자) 자주 상을 주는 것은

窘也(군야) 군색하기 때문이다.

數罰者(삭벌자) 자주 벌을 주는 것은

困也(곤야) 곤궁하기 때문이다.

先暴而後畏其衆者(선포이후외기중자) 사병들을 난폭하게 다루고 두려워하는 것은

不精之至也(부정지지야) 유능한 지휘자가 아니다.

來委謝者(내위사자) 찾아와서 정중히 사과하는 것은

欲休息也(욕휴식야) 휴식을 원하고 있는 것이다.

兵怒而相迎(병노이상영) 적병이 성내며 진격해 왔음에도 불구하고

久而不合(구이부합) 오래도록 결전도 하지 않고

又不相去(우부상거) 또 철수도 하지 않을 경우에는

必謹察之(필근찰지) 반드시 조심스럽게 관찰하라.

兵非益多也(병비익다야) 전쟁에 있어서 병력이 많다고 좋은 것만은 아니다.

惟無武進(유무무진) 오직 무력만 믿고 진격해서는 안 되고

足以倂力料敵(족이병력료적) 전력을 집중하는 한편 적정을 고려하면서

取人而已(취인이이) 싸울 수 있을 정도이면 족한 것이다.

夫惟無慮而易敵者(부유무려이역적자) 아무런 대책도 없이 적을 쉽게 보아 멸시하는 자는

必擒於人(필금어인) 반드시 사로잡힐 것이다.

卒未親附而罰之(졸미친부이벌지) 사병들과 아직 친근하기 전에 징벌을 하면

則不服(칙부복) 복종하지 않을 것이요,

不服則難用也(부복칙난용야) 복종치 않으면 부리기 어렵다.

卒已親附而罰不行(졸이친부이벌부항) 또 이미 친근해져도 마땅한 징벌을 행하지 않으면

則不可用也(칙부가용야) 부리기 어렵다.

故令之以文(고령지이문) 고로 명령은 부드럽게 하고,

齊之以武(제지이무) 통제는 엄격하게 해야 하는 것이다.

是謂必取(시위필취) 그리하면 싸우면 반드시 승리한다.

令素行以教其民(령소항이교기민) 평소에 법령이 잘 시행되고 이로써 백성을 교육한다면

則民服(칙민복) 백성들은 복종하지만,

令不素行以教其民(령부소항이교기민) 평소에 법령이 잘 시행되지 않은 채 백성들을 교육하면

則民不服(칙민부복) 백성들은 복종하지 않는다.

令素信著者(령소신저자) 평소에 법령이 잘 시행된다는 것은

與衆相得也(여중상득야) 백성들과 더불어 신뢰를 얻었기 때문이다.

第十篇 地形지형

孫子曰(손자왈) 손자가 말했다.

地形(지형) 지형에는

有通者(지형유통자) 통형이 있고

有挂者(유괘자) 괘형이 있고

有支者(유지자) 지형이 있고

有隘者(유애자) 애형이 있고

有險者(유험자) 험형이 있고

有遠者(유원자) 원형이 있다.

我可以往(아가이왕) 아군이 왕래할 수 있고

彼可以來(피가이내) 적군도 왕래할 수 있는 곳을

曰通(왈통) 통형이라 한다.

通形者(통형자) 통형에서는

先居高陽(선거고양) 먼저 높고 양지바른 곳을 점거하고

利糧道以戰(리량도이전) 군량미의 보급로를 확보하면

則利(칙리) 유리하게 싸울 수가 있다.

可以往(가이왕) 전진은 쉽지만,

難以返(난이반) 후퇴가 곤란한 곳은

曰挂(왈괘) 괘형이다.

挂形者(괘형자) 괘형에서는

敵無備(적무비) 적의 방비가 없으면

出而勝之(출이승지) 출전하여 승리할 수 있고

敵若有備(적약유비) 만약 적이 대비를 하고 있다면

出而不勝(출이부승) 출전하여 승리할 수 없으며

難以返(난이반) 후퇴가 곤란하여

不利(부리) 불리한 지형이다.

我出而不利(아출이부리) 아군이 출전해도 불리하고,

彼出而不利(피출이부리) 적군이 출전해도 불리한 곳을

曰支(왈지) 지형이라 한다.

支形者(지형자) 지형에서는

敵雖利我(적수리아) 적이 이익으로 아군을 유인해도

我無出也(아무출야) 아군은 진격하지 말아야 하며

引而去之(인이거지) 일단 후퇴한 후에

令敵半出而擊之利(령적반출이격지리) 적으로 하여금 반쯤 좇아 오기를 기다려 공격하면 이득이다.

隘形者(애형자) 길이 좁은 애형에서는

我先居之(아선거지) 아군이 선점하여 주둔하고 점거하면

必盈之以待敵(필영지이대적) 반드시 방어를 충실하게 하여 적의 공격에 대비해야 한다.

若敵先居之(약적선거지) 만약 적이 먼저 점거한 경우에

盈而勿從(영이물종) 그 방어가 충실하면 공격하지 말고

不盈而從之(부영이종지) 방어가 충실치 못하면 이를 공격한다.

險形者(험형자) 험형에서는

我先居之(아선거지) 아군이 먼저 선점했으면

必居高陽以待敵(필거고양이대적) 반드시 높고 양지바른 곳을 점거하고 적의 공격을 기다린다.

若敵先居之(야적선거지) 만약 적이 먼저 점령한 경우에는

引而去之(인이거지) 철수해 떠나야 하며

勿從也(물종야) 공격하지 말아야 한다.

遠形者(원형자) 본국으로부터 멀리 떨어진 곳인 원형은

勢均(세균) 양군의 군사력이 비슷할 때는

難以挑戰(난이도전) 공격하기 어렵고

戰而不利(전이부리) 직접적인 전투는 불리하다.

凡此六者(범차륙자) 무릇 이런 여섯 가지 원칙이

地之道也(지지도야) 지형을 이용하는 법칙이며

將之至任(장지지임) 장수된 자의 지상의 임무이므로

不可不察也(부가부찰야) 자세히 살피지 않으면 안 된다

故兵(고병) 그러므로 군대 가운데는

有走者(고병유주자) 주병이 있고

有弛者(유이자) 이병이 있고

有陷者(유함자) 함병이 있고

有崩者(유붕자) 붕병이 있고

有亂者(유난자) 난병이 있고

有北者(유배자) 배병 등이 있다.

凡此六者(범차륙자) 그러나 이 여섯 가지 패병은

非天之災(비천지재) 자연의 재해에서 비롯된 것이 아니고

將之過也(장지과야) 장수의 과실에서 비롯한다.

夫勢均(부세균) 무릇 군사력이 동등한데

以一擊十曰走(이일격십왈주) 1로써 10을 상대하여 공격하는 것을 주라하고

卒强吏弱曰弛(졸강리약왈이) 사병들은 강한데 지휘관이 겁약한 것을 이(弛)라 하고

吏强卒弱曰陷(리강졸약왈함) 지휘관들은 강한데 사병들이 겁약한 것을 함(陷)이라 하고

大吏怒而不服(대리노이부복) 지휘관이 분노를 참지 못해 장수의 명령에 불복하고

遇敵懟而自戰(우적대이자전) 적과 조우하면 울분을 이기지 못하여 제멋대로 싸우고 있는데도

將不知其能曰崩(장부지기능왈붕) 장수가 그러한 실정을 모르는 것은 붕이다.

將弱不嚴(장약부엄) 장수가 나약하여 위엄이 없고

教道不明(교도부명) 군령도 분명치 않으며

吏卒無常(리졸무상) 지휘관과 사병들 간에 질서가 없으면

陳兵縱橫曰亂(진병종횡왈난) 전투배치가 혼란할 수밖에 없는 것을 난이라고 한다.

將不能料敵(장부능료적) 장수가 적정을 정확히 판단하지 못하고

以少合衆(이소합중) 적은 군사로써 많은 적과 맞서고

以弱擊强(이약격강) 약한 병력으로써 강한 적을 공격하고

兵無選鋒曰北(병무선봉왈배) 선봉에 설 병력이 없는 것을 배라고 한다.

凡此六者(범차륙자) 이 여섯 가지는

敗之道也(패지도야) 패배의 법칙이고

將之至任(장지지임) 장수의 가장 중대한 임무로

不可不察也(부가부찰야) 신중히 살피지 않으면 안 된다.

夫地形者(부지형자) 무릇 지형은

兵之助也(병지조야) 전쟁의 유력한 보조수단이다.

料敵制勝(료적제승) 적정을 파악하고 승리를 쟁취하기 위해서는

計險厄遠近(계험액원근) 험난함과 위험, 멀고 가까움을 계산한다는 것은

上將之道也(상장지도야) 좋은 장수의 도이다.

知此而用戰者必勝(지차이용전자필승) 이것을 잘 알고 이용하여 싸우는 자는 반드시 승리할 것이며,

不知此而用戰者必敗(부지차이용전자필패) 이것을 잘 몰라 싸움에 이용하지 못하면 패배하는 것이다.

故戰道必勝(고전도필승) 그러므로 전쟁의 원칙상 반드시 승리한다는 판단이 섰으면

主曰無戰(주왈무전) 통수권자가 싸우지 말라고 하더라도

必戰可也(필전가야) 반드시 싸워야 하며,

戰道不勝(전도부승) 전쟁의 원칙상 승리할 수 없으면

主曰必戰(주왈필전) 통수권자가 싸우라 하더라도

無戰可也(무전가야) 싸우지 않는 것이 좋다.

故進不求名(고진부구명) 그러므로 장수는 공명을 바라지 않고 싸우며,

退不避罪(퇴부피죄) 처벌을 각오하고 퇴각하되,

惟民是保(유민시보) 오직 국민을 보호하고

而利合於主(이리합어주) 국가(임금)의 이익과 일치하기를 바랄

뿐이다.

國之寶也(국지보야) 그러한 장수는 국가의 보배이다.

視卒如嬰兒(시졸여영아) 모름지기 장수는 사병을 갓난아기처럼 아껴야 하며,

故可以與之赴深溪(고가이여지부심계) 그럼으로써 그들과 함께 위험한 지형에도 들어갈 수 있다.

視卒如愛子(시졸여애자) 사병을 사랑하는 자식처럼 대하면

故可與之俱死(고가여지구사) 그들도 생사를 같이 한다.

厚而不能使(후이부능사) 그러나 사병들을 너무 후대하면 부릴 수 없을 것이며,

愛而不能令(애이부능령) 사랑이 지나쳐 명령하지 못하면

亂而不能治(난이부능치) 문란해도 다스리지 못할 것이다.

譬如驕子(비여교자) 비유를 하자면 방자한 자식 같아서

不可用也(부가용야) 쓸 수 없게 된다.

知吾卒之可以擊(지오졸지가이격) 아군 병사가 적군을 공격할 능력이 있다는 것만을 알고,

而不知敵之不可擊(이부지적지부가격) 공격해서는 안 될 적의 대비가 있다는 것을 알지 못하면

勝之半也(승지반야) 승리의 확률이 반이다.

知敵之可擊(지적지가격) 적을 공격할 때를 알지만,

而不知吾卒之不可以擊(이부지오졸지부가이격) 아군 병사의 상황이 공격하기에 불가하다는 것을 모르면

勝之半也(승지반야) 승리의 확률은 반이다.

知敵之可擊(지적지가격) 적에게 약점이 있어 공격할 수 있다는 것을 알고,

知吾卒之可以擊(지오졸지가이격) 아군이 그러한 적을 공격할 만

한 능력이 있다는 것을 알고 있다 하더라도

而不知地形之不可以戰(이부지지형지부가이전) 지형상 싸울 수 없다는 것을 알지 못하면

勝之半也(승지반야) 승리의 확률은 반이다.

故知兵者(고지병자) 그러므로 전쟁을 아는 자는

動而不迷(동이부미) 군사를 동원하면 갈팡질팡하지 않을 것이며,

擧而不窮(거이부궁) 거사를 해도 궁지에 몰리지 않는다.

故曰(고왈) 그러므로 이르기를

知己知彼(지기지피) 나를 알고 적을 알면

勝乃不殆(승내부태) 승리해도 위태롭지 않으며

知地知天(지지지천) 지형과 기상을 알면

勝乃可全(승내가전) 승리는 완전하다.

第十一篇 九地구지

孫子曰(손자왈) 손자가 말했다.

用兵之法(용병지법) 용병의 방법 중

有散地(유산지) 산지가 있고

有輕地(유경지) 경지가 있고

有爭地(유쟁지) 쟁지가 있고

有交地(유교지) 교지가 있고

有衢地(유구지) 구지가 있고

有重地(유중지) 중지가 있고

有圮地(유비지) 비지가 있고

有圍地(유위지) 위지가 있으며

有死地(유사지) 사지 등이 있다.

諸侯自戰其地(제후자전기지) 스스로 자기 국토에서 전쟁하는 곳을

爲散地(위산지) 산지라고 한다.

入人之地不深者(입인지지부심자) 적의 영토에 침입했으나 깊이 들어가지 않은 곳을

爲輕地(위경지) 경지라 한다.

我得則利(아득칙리) 아군이 탈취해도 유리하고

彼得亦利者(피득역리자) 적이 점령해도 유리한 곳을

爲爭地(위쟁지) 쟁지라고 한다.

我可以往(아가이왕) 아군이 진격하기에도 편리하고

彼可以來者(피가이내자) 적이 공격하기에도 편리한 곳을

爲交地(위교지) 교지라고 한다.

諸侯之地三屬(제후지지삼속) 여러 국가의 영역이 3방면이 인접해 있기 때문에

先至而得天下衆者(선지이득천하중자) 먼저 점령하면 천하의 백성들을 모아 천하를 얻을 수 있는 곳을

爲衢地(위구지) 구지라고 한다.

入人之地深(입인지지심) 적의 영토 깊숙이 쳐들어가서

背城邑多者(배성읍다자) 점령한 많은 성읍들이 배후에 있는 곳을

爲重地(위중지) 중지라고 한다.

行山林險阻沮澤(행산림험조저택) 산림이 우거지고 험하며 늪이 많은 지형 등으로

凡難行之道者(범난항지도자) 진격하기 어려운 곳을

爲圮地(위비지) 비지라고 한다.

所由入者隘(소유입자애) 들어가기에는 길이 좁고

所從歸者迂(소종귀자우) 나올 때는 우회해야 하며

彼寡可以擊吾之衆者(피과가이격오지중자) 소수의 적군이 다수의 아군을 공격할 수 있는 곳을

爲圍地(위위지) 위지라고 한다.

疾戰則存(질전칙존) 빨리 전투를 끝내면 생존할 수 있으나

不疾戰則亡者(부질전칙망자) 빨리 끝내지 못하면 멸망하는 곳을

爲死地(위사지) 사지라고 한다.

是故散地則無以戰(시고산지칙무이전) 그러므로 산지에서는 전쟁을 하지 말아야 하며,

輕地則無止(경지칙무지) 경지에서는 주둔해서는 안 된다.

爭地則無攻(쟁지칙무공) 쟁지는 공격하지 말아야 하며,

交地則無絶(교지칙무절) 교지에서는 교통이 차단되어서는 안 되며,

衢地則合交(구지칙합교) 구지에서는 제3국과 외교관계를 맺어야 하며,

重地則掠(중지칙략) 중지에서는 보급품을 현지 조달한다.

圮地則行(비지칙항) 비지에서는 전투하지 말고 신속히 통과해야 하며,

圍地則謀(위지칙모) 위지에서는 전략적 철수를 해야 하며,

死地則戰(사지칙전) 사지에서는 결전을 할 수밖에 없다

所謂古之善用兵者(소위고지선용병자) 예로부터 전쟁을 잘 하는 자는

能使敵人前後不相及(능사적인전후부상급) 적군이 전후방의 부대가 서로 연락하지 못하도록 하며,

衆寡不相恃(중과부상시) 대부대와 소부대가 서로 응원하지 못하게 하며,

貴賤不相救(귀천부상구) 지휘관과 사병이 서로 구원하지 못하게 하며,

上下不相扶(상하부상부) 상급부대와 하급부대가 서로 협조하지 못하게 하며,

卒離而不集(졸리이부집) 사병이 이산하여 다시 모일 수 없게 하며,

兵合而不齊(병합이부제) 집합해도 정연하지 못하도록 한 것이다.

合於利而動(합어리이동) 아군은 조건이 유리하면 행동하고

不合於利而止(부합어리이지) 불리하면 중지한다.

敢問(감문) 감히 묻기를

敵衆整而將來(적중정이장내) “만일 적군이 정비된 대군으로 아군을 공격해 온다면

待之若何(대지야하) 어떻게 대처할 것인가?”라고 한다면

曰先奪其所愛(왈선탈기소애) 나는 대답하기를 “우선 그 소중한 바를 탈취하라.

則聽矣(칙청의) 그러면 주도권을 장악할 수 있다.”고 할 것이다

兵之情主速(병지정주속) 전쟁은 오직 신속해야 한다.

乘人之不及(승인지부급) 적이 미치지 못한 약점을 이용하고

由不虞之道(유부우지도) 적이 생각지 못한 길을 경유하여

攻其所不戒也(공기소부계야) 경계하지 않는 곳을 공격하라

凡爲客之道(범위객지도) 남의 나라 길에 진격했을 때는

深入則專(심입칙전) 깊숙이 들어가면 싸움에만 전념하므로

主人不克(주인부극) 이길 수 있다.

掠於饒野(략어요야) 풍요한 들에서 약탈하면

三軍足食(삼군족식) 전부대가 먹을 식량이 충족된다.

謹養而勿勞(근양이물노) 원정군은 삼가 휴식하고 피로하지 않도록 하며,

倂氣積力(병기적력) 사기를 진작하여 전력을 축적하고,

運兵計謀(운병계모) 군사를 경영하되 계산과 모략으로써 하며,

爲不可測(위부가측) 적이 예측하지 못한 일을 하며,

投之無所往(투지무소왕) 부대를 극한 상황에 투입하면

死且不北(사차부배) 사력을 다하여 결전하니 도주하지는 못할 것이다.

死焉不得(사언부득) 장병이 사력을 다하여 결전을 하는데 어찌 승리하지 않겠는가?

士人盡力(사인진력) 장병들이 극한상황에 빠지게 되면

兵士甚陷則不懼(병사심함칙부구) 오히려 그것을 두려워하지 않을 것이며,

無所往則固(무소왕칙고) 빠져나갈 길이 없으면 부대는 더욱 단결할 것이다.

深入則拘(심입칙구) 적국에 깊숙이 들어가면 제약을 받게 되어

不得已則鬥(부득이칙두) 어쩔 수 없이 싸우기 마련인 것이다.

是故其兵不修而戒(시고기병부수이계) 그러한 군대는 훈련을 과하지 않아도 스스로 경계할 것이며,

不求而得(부구이득) 구하지 않아도 얻을 것이며,

不約而親(부약이친) 저절로 친밀해질 것이며,

不令而信(부령이신) 명령이 없이도 성실할 것이다.

禁祥去疑(금상거의) 미신을 금지하고 의심을 없애면

至死無所之(지사무소지) 죽음에 이르러 동요하지 않는다.

吾士無餘財(오사무여재) 병사들이 재물에 욕심이 없는 것은

非惡貨也(비오화야) 재화를 싫어하기 때문이 아니며,

無餘命(무여명) 목숨을 아끼지 않는 것은

非惡壽也(비오수야) 오래 사는 것이 싫어서가 아니다.

令發之日(령발지일) 명령이 내려지는 날 결전을 감행할 날이 되면

士卒坐者涕霑襟(사졸좌자체점금) 사병들은 앉아 있는 자는 눈물로 옷깃을 적시고

偃臥者淚交頤(언와자누교이) 누운 자는 눈물이 턱을 적시게 되지만,

投之無所往者(투지무소왕자) 그러한 자를 극한상황 속에 투입하면

諸劌之勇也(저귀지용야) 모두가 전저와 조귀처럼 용감해지는 것

이다.

故善用兵(고선용병) 그러므로 전쟁에 능숙한 자는

譬如率然(비여률연) 비유하자면 솔연과 같다.

率然者(솔연자) 솔연은

常山之蛇也(상산지사야) 상산에 있는 뱀이다.

擊其首則尾至(격기수칙미지) 머리를 공격하면 즉시 그 꼬리가 덤비고,

擊其尾則首至(격기미칙수지) 꼬리를 공격하면 즉시 그 머리가 덤벼든다.

擊其中則首尾俱至(격기중칙수미구지) 그 가운데 허리를 치면 머리와 꼬리가 함께 달려드는 것이다.

敢問(감문) 감히 묻기를

兵可使如率然乎(병가사여률연호) "그렇다면 군대를 마치 솔연처럼 움직이게 할 수 있을까."라고 하면

曰可(왈가) "할 수 있다."고 답한다.

夫吳人與越人相惡也(부오인여월인상오야) 무릇 오나라 사람과 월나라 사람은 원래가 서로 증오하는 사이지만

當其同舟而濟遇風(당기동주이제우풍) 두 나라 사람이 같은 배를 탔다가 폭풍을 만난다면,

其相救也(기상구야) 단결하여 서로를 구하려고

如左右手(여좌우수) 좌우의 손처럼 할 것이다.

是故方馬埋輪(시고방마매륜) 탈주를 막기 위해 말을 매어 두고 수레바퀴를 땅에 묻어 둔다 하더라도

未足恃也(미족시야) 그것만으로 믿을 것이 못된다.

齊勇若一(제용약일) 전군을 통제하여 용감하게 하나로 일치시키기 위해서는

政之道也(정지도야) 정치적인 지도가 필요하고

剛柔皆得(강유개득) 용감한 자나 유약한 자가 가지고 있는 온 힘을 모두 발휘하게하기 위해서는

地之理也(지지리야) 지형의 이치를 얻어야 한다.

故善用兵者(고선용병자) 그러므로 전쟁에 능란한 자가

攜手若使一人(휴수야사일인) 부대를 마치 손목을 마주 잡고 가듯 하나로 움직이게 할 수 있는 것은

不得已也(부득이야) 군대는 싸울 수밖에 없기 때문이다.

將軍之事(장군지사) 장수의 하는 일은

靜以幽(정이유) 조용하고 깊이 성찰하며

正以治(정이치) 엄정하게 일을 처리해야 한다.

能愚士卒之耳目(능우사졸지이목) 장병들의 이목을 어리석게 하여

使之無知(사지무지) 군 작전계획을 알지 못하게 하며

易其事(역기사) 계획을 수시로 바꾸고

革其謀(혁기모) 전략을 혁신하여

使人無識(사인무식) 감히 알지 못하게 한다.

易其居(역기거) 그 주둔지를 수시로 바꾸고

迂其途(우기도) 가는 길을 우회하여

使人不得慮(사인부득려) 감히 알지 못하게 한다.

帥與之期(수여지기) 장수가 사병들과 더불어 결전할 경우에는

如登高而去其梯(여등고이거기제) 마치 사람을 높은 곳에 오르게 하고 사다리를 떼어버리는 것처럼 할 것이요.

帥與之深入諸侯之地(수여지심입제후지지) 외국에 깊숙이 침입할 때는

而發其機(이발기기) 쇠뇌를 쏘듯 신속히 움직이고

焚舟破釜(분주파부) 들어가서는 배를 소각하고 솥을 파괴하고

若驅群羊而往(야구군양이왕) 결전을 할 경우에는 양떼를 몰아치듯 해야 한다.

驅而來(구이내) 몰고 가고 오지만

莫知所之(막지소지) 아군의 행방을 알지 못하게 하는 것이고,

聚三軍之衆(취삼군지중) 전 부대를 집결시켜

投之於險(투지어험) 극한상황 속에 투입하는 일이

此謂將軍之事也(차위장군지사야) 장수의 해야 할 일이다.

九地之變(구지지변) 아홉 가지 입지적 조건에 따른 변화와 상황에 따라

屈伸之利(굴신지리) 굽히어 후퇴하는 것과 펴서 공격하는 것에 따른 이해의 계산이 선행되어야 하며

人情之理(인정지리) 상황에 따른 병사의 심리적 변화를

不可不察也(부가부찰야) 세심히 관찰하지 않으면 안 된다

凡爲客之道(범위객지도) 무릇 적국의 길에 침입했을 때의 전법은

深則專(심칙전) 그 나라에 깊숙이 들어가면 단결하여 전투에 전념하지만

淺則散(천칙산) 깊이 쳐들어가지 않았을 경우에는 분산되어 흩어진다.

去國越境而師者(거국월경이사자) 본국을 떠나 국경을 넘어 작전한다는 것은

絶地也(절지야) 절지가 된다.

四達者(사달자) 사방으로 길이 트인 곳을

衢地也(구지야) 구지라 하고,

入深者(입심자) 적국 깊숙이 들어간 곳을

重地也(중지야) 중지라 하며,

入淺者(입천자) 얕게 들어간 곳은

輕地也(경지야) 경지라 하고,

背固前隘者(배고전애자) 등 뒤가 견고히 막히고 전방이 좁아 협애한 곳이

圍地也(위지야) 위지이고,

無所往者(무소왕자) 왕래할 수 없는 곳이

死地也(사지야) 사지이다.

是故散地(시고산지) 그래서 산지에서는

吾將一其志(오장일기지) 사병들의 마음을 단결시키고

輕地(경지) 경지에서는

吾將使之屬(오장사지속) 그들과의 연락이 끊어지지 않도록 하며

爭地(쟁지) 쟁지에서는

吾將趨其後(오장추기후) 아군은 적군의 후방을 공격할 것이다.

交地(교지) 교지에서는

吾將謹其守(오장근기수) 아군은 수비를 신중히 할 것이며

衢地(구지) 구지에서는

吾將固其結(오장고기결) 아군은 제3국과의 외교를 공고히 할 것이며

重地(중지) 중지에서는

吾將繼其食(오장계기식) 아군은 식량을 계속 확보할 것이며

圮地(비지) 비지에서는

吾將進其塗(오장진기도) 아군은 신속히 이동하여 통과할 것이며

圍地(위지) 위지에서는

吾將塞其闕(오장새기궐) 아군은 도망갈 길을 막아 용감히 싸우게 하고

死地(사지) 사지에서는

吾將示之以不活(오장시지이부활) 아군은 활로가 없음을 주시하게 하여 필사적으로 싸워 이기게 한다.

故兵之情(고병지정) 그러므로 사병들의 심리란

圍則禦(위칙어) 포위를 당하면 스스로 방어하고

不得已則鬥(부득이칙두) 어쩔 수 없게 되면 용감히 싸우며,

過則從(과칙종) 위험이 크면 따르기 마련인 것이다.

是故不知諸侯之謀者(시고부지제후지모자) 그러므로 주변국의 책모를 알지 못하는 자는

不能預交(부능예교) 주변국가와 유리한 외교관계를 맺을 수 없다.

不知山林險阻沮澤之形者(부지산림험조저택지형자) 동시에 산림이나 험준한 지형이나 소택지의 지형을 알지 못하면

不能行軍(부능항군) 행군을 할 수 없고

不用鄉導者(부용향도자) 그 고장 사람을 안내인으로 쓰지 않고는

不能得地利(부능득지리) 지형적인 이익을 얻을 수 없는 것이다.

四五者(사오자) 이 세 오가지는

不知一(부지일) 그 중 하나만 몰라도

非霸王之兵也(비패왕지병야) 패왕의 군대가 될 수 없다.

夫霸王之兵(부패왕지병) 무릇 패왕의 군대가

伐大國(벌대국) 다른 강대국을 공격하면

則其衆不得聚(칙기중부득취) 그 나라는 미처 그 군대를 집결시키지 못할 것이요.

威加於敵(위가어적) 위세가 적국에 미치게 되면

則其交不得合(칙기교부득합) 그 나라는 제3국과 외교나 동맹을 맺지 못할 것이다.

是故不爭天下之交(시고부쟁천하지교) 그리하여 아군은 외교상 분쟁을 일으킬 필요가 없게 되고

不養天下之權(부양천하지권) 구태여 패권을 장악하려고 하지 않고,

信己之私(신기지사) 자국의 소신을 펴는 것만으로

威加於敵(위가어적) 그 위세를 적국에 가하게 되면

故其城可拔(고기성가발) 그 요새도 빼앗을 수 있고,

其國可隳(기국가휴) 나라를 무너뜨릴 수도 있을 것이다.

施無法之賞(시무법지상) 상의 규정에 없는 파격적인 큰 상을 주고

懸無政之令(현무정지령) 평상시와는 다른 명령을 내리면

犯三軍之衆(범삼군지중) 전 군대를 움직이게 하는 데

若使一人(야사일인) 마치 한 사람을 부리는 것처럼 할 수 있으리라.

犯之以事(범지이사) 장병에게는 임무만을 부여하고

勿告以言(물고이언) 이유를 설명하지 말 것이며

犯之以利(범지이리) 유리한 점만을 알리되

勿告以害(물고이해) 불리한 점은 말할 필요가 없다.

投之亡地(투지망지) 군대는 위험한 상황 속에 투입해야만

然後存(연후존) 비로소 패배를 모면할 수 있고,

陷之死地(함지사지) 사지에 빠진 뒤라야

然後生(연후생) 살아날 수 있는 것이다.

夫衆陷於害(부중함어해) 무릇 장병들은 그러한 위험스러운 상황 속에서만

然後能爲勝敗(연후능위승패) 분전하여 승리할 수 있다.

故爲兵之事(고위병지사) 전쟁을 함에 있어 중요한 일은

在於順詳敵之意(재어순상적지의) 적의 의도를 속속들이 파악하는 데 있다.

幷敵一向(병적일향) 그에 따라 일치단결 대적하여

千里殺將(천리살장) 천리의 먼 적국에 들어가 장수를 살해할 수도 있는 것이다.

此謂巧能成事者也(차위교능성사자야) 그것이 교묘한 방법으로 전쟁을 승리하는 자이다.

是故政擧之日(시고정거지일) 마침내 선전포고를 행하는 날

夷關折符(이관절부) 적국과의 관문을 봉쇄하고 통행증을 폐기하며

無通其使(무통기사) 사절의 왕래를 중지하며

勵於廊廟之上(려어낭묘지상) 정부나 군 수뇌부에서는 오직

以誅其事(이주기사) 군사문제에만 몰두한다.

敵人開闔(적인개합) 그리하여 적에게서 동요나 약점이 보이면

必亟入之(필극입지) 신속히 그것을 포착하여

先其所愛(선기소애) 적의 가장 소중한 곳을 먼저 공략하고

微與之期(미여지기) 적의 미세한 틈을 기다리며

踐墨隨敵(천묵수적) 묵묵히 적정에 따라 행동하여

以決戰事(이결전사) 승패를 결정한다.

是故始如處女(시고시여처녀) 그 행동은 마치 처음에는 처녀와 같이 하고

敵人開戶(적인개호) 그리하여 적이 약점을 보이면

後如脫兎(후여탈토) 달아나는 토끼처럼 민첩하게 움직여

敵不及拒(적부급거) 적이 항거할 기회에 닿지 않게 해야 한다.

第十二篇 火攻화공

孫子曰(손자왈) 손자가 말했다.

凡火攻有五(범화공유오) 불을 가지고 공격하는 방법에는 다섯 가지가 있다.

一曰火人(일왈화인) 첫째로 사람을 불로써 공격하는 것을 이르고

二曰火積(이왈화적) 둘째로 쌓아 둔 적의 군수물자를 불태우는 것을 이르고

三曰火輜(삼왈화치) 셋째로 병참 수송 수단인 치중을 불태우는 것을 이르고

四曰火庫(사왈화고) 넷째로 적의 창고를 불태우는 것을 이르고

五曰火隊(오왈화대) 다섯째로 적의 대오에 화염을 퍼붓는 것을 이른다.

行火必有因(항화필유인) 불을 사용하는 데는 반드시 조건이 있고,

煙火必素具(연화필소구) 화염을 퍼붓는 데도 반드시 장비가 필요하다.

發火有時(발화유시) 불을 놓는 데는 때가 있고

起火有日(기화유일) 불이 잘 타오르는 날이 있다.

時者(시자) 적절한 시기는

天之燥也(천지조야) 기후가 건조할 때이다.

日者(일자) 적절한 날자는

月在箕壁翼軫也(월재기벽익진야) 달이 기, 벽, 익, 진에 있는 날을 말한다.

凡此四宿者(범차사숙자) 달이 이 네 별자리에 있는 날은

風起之日也(풍기지일야) 바람이 일어난다.

凡火攻(범화공) 무릇 화공에 있어서는

必因五火之變而應之(필인오화지변이응지) 반드시 다음 다섯 가지 상황변화에 따라 대처해야 한다.

火發於內(화발어내) 불이 내부에서 일어나면

則早應之於外(칙조응지어외) 즉시 밖에서 호응한다.

火發而其兵靜者(화발이기병정자) 불이 났는 데도 적이 조용한 경우에는

待而勿攻(대이물공) 대기하고 공격하지 않다가

極其火力(극기화력) 불길의 가장 치열할 때

可從而從之(가종이종지) 공격이 가능하면 공격하고

不可從而止(부가종이지) 공격이 불가하면 중지한다.

火可發於外(화가발어외) 밖에서 불을 붙이기에 편리한 경우에는

無待於內(무대어내) 안에 들어갈 것 없이

以時發之(이시발지) 적당한 때를 기다려 방화한다.

火發上風(화발상풍) 불이나 위에서 바람이 불면

無攻下風(무공하풍) 바람을 받으면서 공격해서는 안 된다.

晝風久(주풍구) 주간에 바람이 오래 불면

夜風止(야풍지) 야간에는 바람이 잦아들게 된다.

凡軍必知有五火之變(범군필지유오화지변) 무릇 군대는 불로 공격하는 다섯 가지 방법에 따른 변화를 알고,

以數守之(이삭수지) 조건이 갖추어지기를 기다릴 수 있어야 한다.

故以火佐攻者明(고이화좌공자명) 불로 공격을 보조하면 그 효과

가 분명하고,

以水佐攻者强(이수좌공자강) 수공으로 공격을 도우면 강하다.

水可以絶(수가이절) 수공은 적을 차단할 수는 있으나

不可以奪(부가이탈) 탈취할 수는 없다.

夫戰勝攻取(부전승공취) 무릇 싸워 승리하고 공격하여 탈취했으면서도

而不修其功者凶(이부수기공자흉) 그 목적을 달성하지 못했다면 흉한 일이니

命曰費留(명왈비류) 이를 비류라고 한다.

故曰(고왈) 그래서 이르기를

明主慮之(명주려지) 총명한 군주는 깊이 사려하고,

良將修之(량장수지) 훌륭한 장수는 그것을 잘 다스리는 것이다.

非利不動(비리부동) 유리하지 않으면 움직이지 않으며,

非得不用(비득부용) 국가에 이익 될 것이 없으면 군대를 사용하지 않고,

非危不戰(비위부전) 국가가 위기에 있지 않으면 싸우지 않는다.

主不可以怒而興師(주부가이노이흥사) 군주는 노여움에 사로잡혀 군사를 일으켜서는 안 되며,

將不可以慍而致戰(장부가이온이치전) 장수 또한 분노 끝에 전투를 해서는 안 된다.

合於利而動(합어리이동) 국가의 이익에 합치하면 행동하고

不合於利而止(부합어리이지) 이익에 합치하지 않으면 전쟁을 해서는 안 된다.

怒可以復喜(노가이복희) 노여움이 해소되어 다시 기뻐할 수 있고,

慍可以復悅(온가이복열) 분노는 다시 즐거워질 수 있지만,

亡國不可以復存(망국부가이복존) 한 번 멸망한 국가는 다시 존재할 수 없고,

死者不可以復生(사자부가이복생) 죽은 자는 다시 살아날 수 없기 때문이다.

故明君愼之(고명군신지) 그러므로 총명한 군주는 전쟁을 신중히 삼가며,

良將警之(량장경지) 훌륭한 장수는 전쟁을 경계한다.

此安國全軍之道也(차안국전군지도야) 그것이 국가가 안전하고 군대를 보전하는 길이다.

第十三篇 用間용간

孫子曰(손자왈) 손자가 말했다.

凡興師十萬(범흥사십만) 무릇 10만을 동원하여

出兵千里(출병천리) 천리를 출정하게 되면,

百姓之費(백성지비) 백성의 부담과

公家之奉(공가지봉) 국가재정을

日費千金(일비천금) 하루에 천금이나 소모해야 하며,

內外騷動(내외소동) 온 나라 안팎이 소란하게 움직이고,

怠於道路(태어도노) 백성들은 도로를 가득 메우고

不得操事者(부득조사자) 생업에 종사하지 못하는 자가

七十萬家(칠십만가) 70만 호가 될 것이다.

相守數年(상수삭년) 수년간을 전쟁에 대비하지만,

以爭一日之勝(이쟁일일지승) 하루아침의 승리를 위한 것이다.

而愛爵祿百金(이애작녹백금) 벼슬, 작록과 백금이 아까워

不知敵之情者(부지적지정자) 적정을 알지 못하는 것은

不仁之至也(부인지지야) 어질지 못한 소치이다.

非人之將也(비인지장야) 백성을 위한 장수라 할 수 없고

非主之佐也(비주지좌야) 군주에 대한 보좌도 되지 않으며,

非勝之主也(비승지주야) 승리의 주인이 될 수도 없다.

故明君賢將(고명군현장) 고로 총명한 군주나 현명한 장수가

所以動而勝人(소이동이승인) 기동하면 적에게 승리하고

成功出於衆者(성공출어중자) 출중한 성공을 이루는 것은

先知也(선지야) 먼저 적정을 알기 때문이다.

先知者(선지자) 먼저 적정을 안다는 것은

不可取於鬼神(부가취어귀신) 귀신에게 의지하여 알 수 있는 것이 아니며,

不可象於事(부가상어사) 유사한 사례나 상황을 유추하여 알 수 있는 것도 아니며,

不可驗於度(부가험어도) 일정한 경험에 의해서 판단할 수 있는 것도 아니다.

必取於人知敵之情者也(필취어인지적지정자야) 오직 적정을 알고 있는 자에게서 얻어야 하는 것이다.

故用間有五(고용간유오) 간첩을 이용하는 방법은 다섯 가지가 있다.

有鄕間(유향간) 향간이 있고

有內間(유내간) 내간이 있고

有反間(유반간) 반간이 있고

有死間(유사간) 사간이 있고

有生間(유생간) 생간이 있다

五間俱起(오간구기) 이 다섯 가지 간첩을 동시에 활용하는 데도 불구하고

莫知其道(막지기도) 적이 그것을 알지 못하는 것은

是謂神紀(시위신기) 신묘한 방법이라 할 수 있고

人君之寶也(인군지보야) 어진 임금의 보배라 할 수 있다.

鄕間者(향간자) 향간이라는 것은

因其鄕人而用之(인기향인이용지) 그 고장 주민을 이용하는 간첩이다.

內間者(내간자) 내간이라는 것은

因其官人而用之(인기관인이용지) 적의 관리를 이용하는 간첩이다.

反間者(반간자) 반간이라는 것은

因其敵間而用之(인기적간이용지) 적의 간첩을 역이용하는 이중간첩이다.

死間者(사간자) 사간이라는 것은

爲誑事於外(위광사어외) 허위사실을 꾸며

令吾間知之(령오간지지) 아군의 간첩에게 믿게 하여

而傳於敵(이전어적) 그것을 적에게 전하는 것이다

生間者(생간자) 생간이라는 것은

反報也(반보야) 그 때마다 돌아와 보고하는 간첩이다.

故三軍之親(고삼군지친) 전체 군사의 친밀한 일 중에서

莫親於間(막친어간) 간첩과의 관계보다 더 친밀한 것은 있을 수 없고,

賞莫厚於間(상막후어간) 간첩에게 주는 포상보다 더 후한 상이 있을 수 없으며,

事莫密於間(사막밀어간) 간첩의 활동만큼 비밀스러운 일이 있을 수 없는 것이다.

非聖智不能用間(비성지부능용간) 사람을 알아보는 총명한 지혜가 있는 사람이 아니면 간첩을 이용하지 못할 것이며,

非仁義不能使間(비인의부능사간) 인자함과 정의감이 없으면 간첩을 부리지 못할 것이며,

非微妙不能得間之實(비미묘부능득간지실) 미묘한 능력이 없으면 첩보의 진실을 파악하지 못하니

微哉(미재) 미묘하도다.

微哉(미재) 미묘하도다.

無所不用間也(무소부용간야) 간첩을 이용하지 않는 곳은 없다.

間事未發而先聞者(간사미발이선문자) 간첩의 정보가 아직 공표되지 않고 있는데 밖에서 그 정보가 미리 들려오면

間與所告者皆死(간여소고자개사) 그 간첩과 그 정보를 알려온 자 모두 사형에 처한다.

凡軍之所欲擊(범군지소욕격) 무릇 공격하고자 하는 군대,

城之所欲攻(성지소욕공) 공략하고자 하는 요새,

人之所欲殺(인지소욕살) 살해하고자 하는 인물에 대해서는

必先知其守將(필선지기수장) 반드시 그 수비하는 장수와

左右(좌우) 좌우에서 보조하는 측근과

謁者(알자) 고급정보를 전달하는 자,

門者舍人之姓名(문자사인지성명) 성문을 지키는 수문장의 성명을 먼저 알아야 한다.

令吾間必索知之(령오간필삭지지) 아의 간첩으로 하여금 반드시 탐색하여 정보를 수집하도록 명령을 한다.

必索敵人之間來間我者(필삭적인지간내간아자) 아군의 정보를 수집하려고 왕래하는 적국의 간첩은 필히 수색하여 찾아내고,

因而利之(인이리지) 더 큰 이득으로써 유인하여

導而舍之(도이사지) 잘 인도하여 적지로 놓아 보내야

故反間可得而用也(고반간가득이용야) 반간으로 역이용할 수 있다.

因是而知之(인시이지지) 이 반간으로 인하여 적정을 알 수 있으므로

故鄕間內間可得而使也(고향간내간가득이사야) 향간이나 내간을 얻어 사용할 수 있는 것이다.

因是而知之(인시이지지) 또 이 반간에 의해서 적정을 알 수 있으므로

故死間爲誑事(고사간위광사) 사간을 시켜 허위사실을

可使告敵(가사고적) 적에게 전달하게 할 수도 있다.

因是而知之(인시이지지) 또 이 반간에 의해서 적정을 알 수 있으므로

故生間可使如期(고생간가사여기) 생간을 계획에 따라 활용할 수 있는 것이다.

五間之事(오간지사) 이 다섯 종류의 간첩활동은

主必知之(주필지지) 군주가 반드시 알고 있어야 한다.

知之必在於反間(지지필재어반간) 그것은 반간을 통해서 알 수 있는 것이다.

故反間不可不厚也(고반간부가부후야) 그러므로 반간은 후대하지 않으면 안 된다.

昔殷之興也(석은지흥야) 그 옛날 은나라가 일어날 때에는

伊摯在夏(이지재하) 이지가 간첩으로서 하에 잠입했고

周之興也(주지흥야) 주나라가 일어날 때에는

呂牙在殷(려아재은) 여아가 간첩으로서 은에 잠입해 있었다.

故惟明君賢將(고유명군현장) 그러므로 다만 총명한 군주와 현명한 장수만이

能以上智爲間者(능이상지위간자) 뛰어난 지혜를 가지고 간첩을 사용하여

必成大功(필성대공) 위대한 성공을 이룩할 수 있다.

此兵之要(차병지요) 간첩활동의 성과야말로 전쟁의 가장 중요한 요소로서

三軍之所恃而動也(삼군지소시이동야) 전군이 그 활동을 믿고 움직이게 되는 것이다.

손자병법 36계

孫子兵法 三六計

■ 손자병법 36계(孫子兵法 三六計)

손자병법은 손무가 쓴 병법이고 36계는 후대 사람들이 중국의 여러 고대 병법 중 36개를 간추려 엮은 책이다. 36계중 손자병법의 내용이 일부 나오기는 하나 이 책은 서로 다른 책이다. 총 6장 36계(6×6)로 구성되어 있다. 승전·적전·공전·혼전·병전·패전 6계로 각각은 6개의 계로 이루어져 있다. 즉 적보다 우세한 경우, 적과 아군이 대등한 경우, 바로 공격할 경우, 적이 혼란할 경우, 연합 및 동맹국과 전쟁을 할 경우, 극히 열악한 상황에 놓인 경우 등 모든 경우 수에 적용할 수 있는 계략이다. 손자는 전쟁은 속임수라고 했다. 전쟁에서 적을 속이는 것이 계략이며 36계는 이의 방법을 제시하고 있다.

손자병법 36계라는 드라마가 있다. 총 36화로 구성되어 있으면 각 화마다 36계 병법중 하나에 대응하고 내용도 일치한다. 제나라의 손빈과 위나라의 방연의 대립이 드라마의 핵심 내용이다. 동문수학하던 두 사람은 대업을 이루고자 위나라에서 벼슬을 한다. 하지만 손빈의 재능을 시기한 방연이 손빈에게 누명을 씌어 무릎을 잘라버리는 형벌(빈형)을 당하게 만들고 그래서 손빈의 이름이 빈이 되었다. 그 후 손빈은 거짓으로 미친척하여 방연의 손에서 벗어나 제나라로 가게 되어 위와 제의 전쟁이 시작되고 결국 손빈이 마릉에서 방연을 죽임으로써 둘의 대결은 끝을 맺게 된다.

종리춘은 손빈의 연인으로 여성임에도 뛰어난 검술의 소유자이다. 그는 놀라운 무예솜씨로 손빈의 호위무사이자 오른팔로써 손빈의 계책을 완성하는데 도움을 준다. 결국 종리춘은 왕후가 되어 손빈과의 안타까운 사랑의 스토리가 펼쳐진다. 이 드라마는 매 화마다 병법36

계와 맞아 떨어지는 작품의 구성, 전쟁에서의 용병술 외에 외교술과 같은 각종 모략이 쉴 틈 없이 펼쳐지고 허구와 실제 사건의 절묘한 조화를 이룬다.

① 승전계(勝戰計)

싸우면 반드시 이겨라. 반드시 이길 싸움만 하라.
(승리할 수 있는 조건을 갖추고 있을 활용하는 계략)

제1계 만천과해(瞞天過海) : 하늘을 속여 바다를 건넌다. (적이 전혀 예상하지 못한 방법을 동원하라)

제2계 위위구조(圍魏救趙) : 위나라를 포위하여 조나라를 구하다. (우회전술로 적을 끌어내라)

제3계 차도살인(借刀殺人) : 남의 칼을 빌려 적을 제거한다. (명분과 실리를 모두 챙긴다)

제4계 이일대로(以逸待勞) : 적이 지칠 때까지 편안하게 기다린다. (쉬면서 적이 지치게 만들라)

제5계 진화타겁(趁火打劫) : 불난 집을 약탈한다. (적의 내우외환에 올라타라)

제6계 성동격서(聲東擊西) : 동쪽을 공격한다고 떠든 뒤 서쪽을 친다. (속임수로 적을 헷갈리게 만들고 허를 찌른다)

② 적전계(敵戰計)

적을 철저히 기만하라
(적과 나의 세력이 균등할 경우 활용하는 계략)

제7계 무중생유(無中生有): 무에서 유를 창조한다. (허실을 뒤섞어 적을 현혹하라)

제8계 암도진창(暗渡陳倉): 몰래 진창을 건넌다. (정면에서 공격하는 척하다 적의 배후를 쳐라)

제9계 견안관화(隔岸觀火): 강 건너 불구경하듯 한다. (적이 자멸하면 어부지리를 취하라)

제10계 소리장도(笑裏藏刀): 웃음 속에 비수를 감춘다. (우호적인 것으로 믿어 방심하도록 만들어라)

제11계 이대도강(李代桃僵): 오얏나무가 복숭아를 대신해 죽다. (대를 위해 소를 희생시켜라)

제12계 순수견양(順手牽羊): 가는 길에 슬쩍 양을 끌고 간다. (작은 이익이라도 놓치지 않고 적극 취해 승기를 만들어라)

③ 공전계(攻戰計)

미끼를 내걸어 유인하라.

(계책을 모의하여 적을 공격하는 계략)

제13계 타초경사(打草驚蛇) : 막대기로 풀을 두드려 뱀을 놀라게 한다. (의심이 가는 정황이 나타나면 진상을 정확히 파악한 뒤 행동하라)

제14계 차시환혼(借尸還魂): 죽은 시체를 살려낸다. (스스로 무언가를 하기 어려운 사람을 활용하라)

제15계 조호리산(調虎離山): 호랑이를 달래어 산을 떠나도록 만든다. (자연조건이 유리하도록 유혹하라)

제16계 욕금고종(欲擒故縱): 큰 적을 붙잡기 위해 짐짓 적을 풀어준다. (적의 힘을 소진시키고 추격해 잡아라)

제17계 포전인옥(抛磚引玉): 옥을 얻기 위해 벽돌을 던진다. (적이 어리둥절해하는 틈을 타 공격을 가하라)

제18계 금적금왕(擒賊擒王): 적을 칠 때에는 우두머리부터 잡는다. (적 우두머리를 잡아 전력을 곧바로 와해시켜라)

④ 혼전계(混戰計)

상황에 따라 진퇴하라.
(적이 혼란한 와중을 틈타 승리를 잡는 계략)

제19계 부저추신(釜低抽薪): 솥 밑의 장작을 꺼낸다. (문제의 근원부터 해결하라)

제20계 혼수모어(混水摸魚): 물이 혼탁할 때 손을 뻗어 물고기를 잡는다. (적의 내부에 혼란으로 우왕좌왕하는 틈을 이용해 공격하라)

제21계 금선탈각(金蟬脫殼): 매미가 허물을 벗듯 달아난다. (은밀히 주력을 이동시켜 위기를 벗어나라)

제22계 관문착적(關門捉賊): 문을 모두 걸어 잠가 집 안으로 들어온 도적을 잡는다. (얼마 되지 않는 적은 포위해서 잡아라)

제23계 원교근공(遠交近攻): 먼 나라와 사귀고 이웃나라를 공격한다. (이웃한 적을 먼저 공격하라)

제24계 가도벌괵(假道伐虢): 우(虞)나라의 길을 빌려 괵(虢) 나라를 친다. (대국, 소국 간의 전쟁에서는 소국을 도와라)

⑤ 병전계(并戰計)

적의 세력을 약화시켜라.
(언제든지 적이 될 수 있는 우군을 배반, 이용하는 계략)

제25계 투량환주(偸梁換柱): 대들보를 빼내 기둥으로 사용한다. (여러 차례에 걸쳐 진용을 바꾸고 기회를 틈타 적을 제압하라)

제26계 지상매괴(指桑罵槐): 뽕나무를 가리키며 홰나무를 꾸짖는다. (막강한 힘을 지닌 자가 약소한 자를 통제하기 위해서는 상대를 유인하라)

제27계 가치부전(假痴不癲): 바보인 척하되 미치지는 않는다. (짐짓 모르는 척하며 행동에 나서지 않을지언정 아는 체하거나 경거망동은 하지마라)

제28계 상옥추제(上屋抽梯): 지붕 위로 올려놓은 뒤 사다리를 치운다. (적이 맹목적으로 전진하게 사주하고 연후에 적의 앞뒤를 끊어 고립무원에 빠뜨려라)

제29계 수상개화(樹上開花): 가짜 꽃으로 나무를 크게 장식하라. (적은 병력을 막강한 병력인 양 가장하라)

제30계 반객위주(反客爲主): 손님으로 갔다가 주인행세를 하라. (적의 빈틈을 노려 한 발을 들여놓은 뒤 적의 수뇌부나 요충지를 장악하라)

⑥ 패전계(敗戰計)

전화위복의 계기로 만들어라
(상황이 가장 불리한 경우 활용하는 계략)

제31계 미인계(美人計): 미인을 이용해 유인하라.
(적장의 투지를 약하게 하여 전투력을 위축시켜라)

제32계 공성계(空城計): 성문을 열어젖혀 의심을 자극하라. (복병이 있을까 우려하는 적의 의심을 더욱 키워라)

제33계 반간계(反間計): 적의 첩자를 회유한 뒤 역이용하라. (아군의 내부에 적과 접선하고 있는 간첩을 활용하여 적을 역이용하라)

제34계 고육계(苦肉計): 자해 수단을 써 심장부로 침투하라. (진실과 거짓을 뒤섞어 거짓을 진실로 믿게 하라)

제35계 연환계(連環計): 적이 스스로를 옭아매도록 만들라. (계책을 써 적이 내부적으로 서로를 견제하며 속박하도록 만들어라)

제36계 주위상(走爲上): 막강한 적을 만났을 때 곧바로 달아나는 것이 최상이다. (적이 강하고 아군이 약한 상황이면, 2보 전진을 위한 1보 후퇴를 하라)

■ 참고문헌

강상구, 『마흔에 읽는 손자병법』, 흐름출판, 2011
강신철, 『함경도 일기』, 21세기 군사연구소, 2001
개리 개글리아디, 『손자병법세일즈이야기』, 창과창, 2002
김영일, 『손자병법』, 동해, 2002
노병천, 『도해손자병법』, 도서출판 한원, 1990
마이클 한델, 『클라우제비츠, 손자 & 조미니』, 평단문화사
마쥔, 『손자병법 교양강의』, 돌베개, 2008
모리야 아쓰시, 『최강의 손자』, 국일증권경제연구소, 2002
설민석, 『전쟁의 신 이순신』, 휴먼큐브, 2014
유동환, 『손자병법』, 홍익출판사, 1999
에노모노 아키, 『손자병법』, 골든벨, 2008
이현성, 『손자병법 번개여행』, 스타북스, 2016
이현서, 『손자병법』, 동아일보사, 2016
조성주·이덕윤·이준성·최장옥, 『전쟁사로 본 삼십육계』, 황금알, 2014
조일형, 『손자병법』, 자유문고, 1999
Lionel Giles, 『The Art of War』, Dover Publications, Inc, 2002
Thomas Cleary, 『The Art of War』, Shamabhala, 1988
Wee Chow Hoo, 『손자병법과 전략경영』, 계명대, 1997

▣ 윤종성

강원도 인제 출생
육군사관학교 졸업(제37기)
동국대학교 대학원(행정학 석사)
명지대학교 대학원(정치학 박사)

약력
보병 75사단 헌병대장
보병 12사단 헌병대장
대통령 경호실 33경호대장
대통령 경호실장 보좌관
제5군단 헌병대장
육군중앙수사단장
육군헌병 병과장 겸 수사단장
국방부 조사본부장
천안함 사건 과학수사분과장
천안함 사건 합동수사본부장
미 인디애나대학교 객원교수
국방과학연구소(ADD) 상임감사
현 성신여자대학교 교수

저서
장군의 리더십 다이어리(2009, 명진출판)
박정희 리더십 스토리(2010, 시아출판)
천안함 사건의 진실(2011, 한국과 미국)
리더십 입문서(2013, 시간의 물레)

한글 영어 한자 겸용 손자병법

초판 1쇄 2018년 9월 5일
초판 2쇄 2020년 10월 8일
저 자 윤 종 성
발 행 인 권 호 순
발 행 처 시간의물레
등 록 2004년 6월 5일
등록번호 제1-3148호
주 소 서울시 은평구 증산로17길 31, 401호
전 화 02-3273-3867
팩 스 02-3273-3868
전자우편 timeofr@naver.com
블 로 그 http://blog.naver.com/mulretime
홈페이지 http://www.mulretime.com
I S B N 978-89-6511-244-0(93190)
정 가 12,000원

이 도서의 국립중앙도서관 출판예정도서목록(CIP)은 서지정보유통지원시스템 홈페이지(http://seoji.nl.go.kr)와 국가자료공동목록시스템(http://www.nl.go.kr/kolisnet)에서 이용하실 수 있습니다.(CIP제어번호: CIP2018028809)